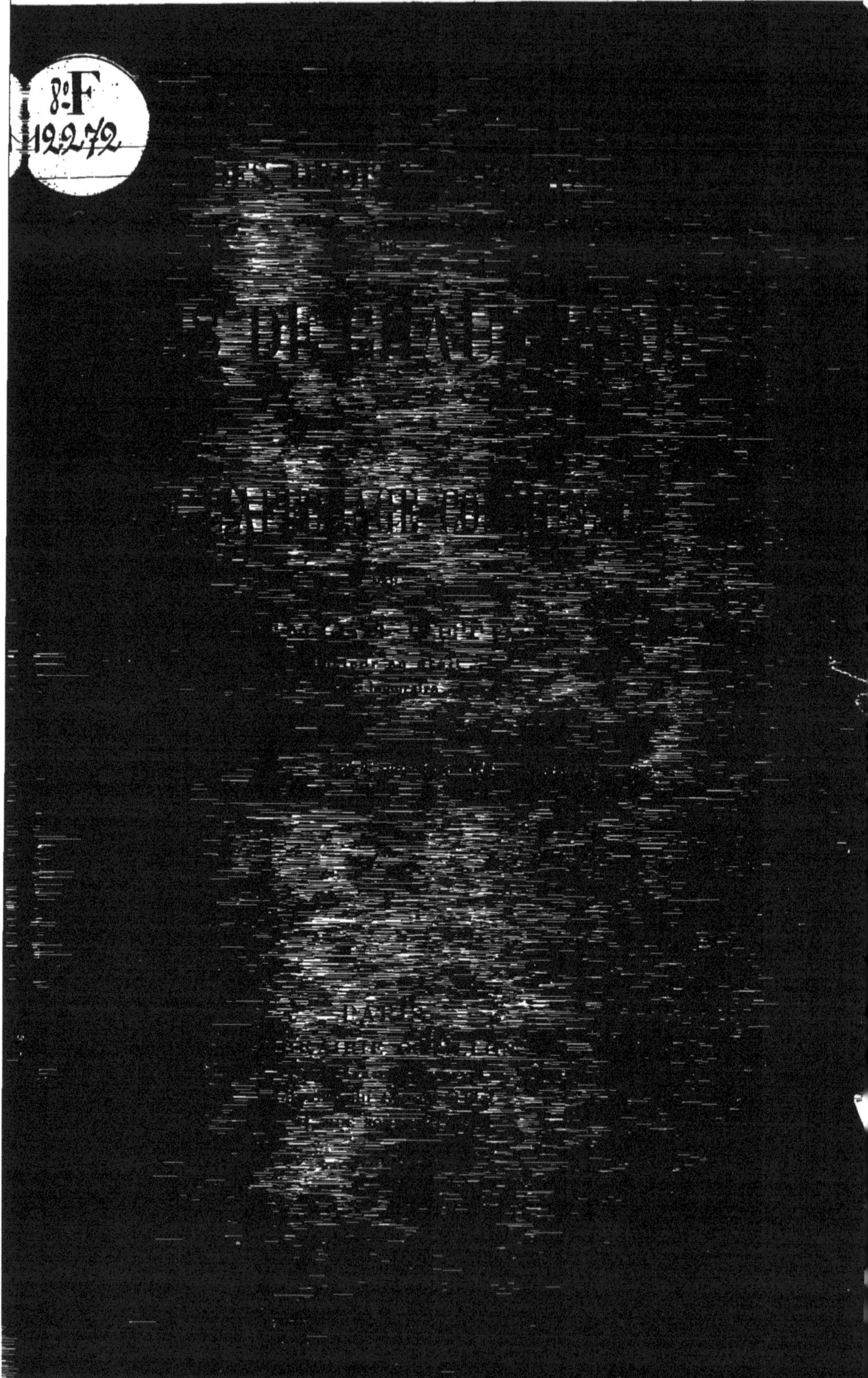

DES DROITS D'USAGE

EN

BOIS DE CHAUFFAGE

DE L'AFFOUAGE COMMUNAL

PAR

ÉMILE TÉTU

Docteur en droit

Juge honoraire

Sylvæ subsidium belli, ornamentum pacis.

PARIS

LIBRAIRIE COTILLON

F. PICHON, Successeur, Éditeur

Librairie du Conseil d'État

24, RUE SOUFFLOT, 24

1900

INTRODUCTION

La loi sur les forêts fut promulguée le 31 juillet 1827. C'est le Code forestier, le plus court de nos six Codes, le plus récent et, il faut bien l'avouer, le moins étudié de tous. Les matières qu'il réglemente, bien qu'elles présentent un intérêt moins général que celles qui sont traitées dans les autres Codes, sont cependant très importantes.

Les forêts ne sont pas seulement, en effet, une des plus grandes beautés de la nature, elles sont aussi une source de richesse pour un pays, et un rempart naturel contre l'ennemi.

Elles nous protègent contre les intempéries, et contribuent dans une large mesure à l'assainissement de l'air.

Les anciens l'avaient bien compris, *mille sont usus, earum*, disait Pline. *Sine quis vita degi non possit.*

Ne sont-ce pas les forêts qui fournissent le bois de construction pour nos demeures et nos vaisseaux, ainsi que le bois de chauffage dont nous avons besoin pour nous garantir du froid, et préparer notre nourriture.

L'État doit donc protéger les forêts, afin de pouvoir en tirer chaque année d'utiles produits.

Dans l'antiquité, elles étaient entourées d'un culte religieux. D'après Pline, elles furent les premiers temples *hœc fuere nimimum templa.*

Le chêne était dédié à Jupiter. On lui avait consacré la célèbre forêt de Dodone, en Epire, dont les bruissements de l'arbre fatidique, interprétés par une prêtresse étaient considérés comme des oracles.

Si nous nous en rapportons au témoignage de Virgile, le peuplier plaisait à Hercule, la vigne à Bacchus, le myrte à Vénus et le laurier à Phœbus.

Populus Alcidæ gratissima, vitis Iaccho,
Formosæ Myrtus Veneri, sua Laurea Phœbo.

Les forêts étaient peuplées de divinités protectrices tels que les Sylvains, les Dryades, les Amadryades, les Faunes et les Satyres.

A Athènes, le figuier, le platane et l'olivier étaient en honneur, en Phénicie, en Judée et chez les Carthaginois, c'était le palmier.

On comprend que l'imagination poétique des Grecs ait été frappée par la profondeur des bois et le silence imposant qui y règne. L'idée religieuse servait du reste admirablement ici l'idée économique. Par respect pour les Dieux, les populations conservaient leurs forêts, et y trouvaient en retour tout ce qui était nécessaire à leurs besoins (1). L'air était alors sain dans ces pays et l'agriculture florissante.

Aujourd'hui, les forêts ne sauraient être l'objet de ce culte religieux. Toutefois, on ne peut s'empêcher de les admirer profondément. Quand l'homme se trouve en présence de ces hêtres et de ces chênes gigantesques qui composent nos hautes futaies, il se sent bien petit. Heureusement pour lui que la pensée dans laquelle, selon Pascal, consiste toute sa dignité (2), lui donne une toute autre grandeur. Quoi d'aussi imposant et

---

(1) D'après la Bible, les forêts de la Judée étaient soigneusement gardées du temps d'Artaxercès — Longue-Main. Nous lisons, en effet, dans le livre de Néhémias : « Je supplie le roi de me donner une lettre pour Asaph, grand maître de la forêt du roi, afin qu'il me donne du bois pour couvrir les portes des tours du Temple, les murailles de la ville et la maison où je me retirerai. » (*Néhémias*, chapitre II.)

(2) PASCAL, *Pensées*, chap. II, § 10.

d'aussi enchanteur qu'une belle forêt, sinon l'Océan ou les grandes montagnes !

> Dieux ! que ne suis-je assise à l'ombre des forêts !...

s'écriait Phèdre (1).

Flumina amen sylvasque inglorius... (2) nous dit Virgile. C'est bien là, en effet, qu'on trouve dans un milieu vivifiant et dans un air pur, ce calme bienfaisant qui repose des agitations du monde, et inspirait ces beaux vers à La Fontaine :

> « Solitude, où je trouve une douceur secrète,
> Lieux que j'aimai toujours, ne pourrai-je jamais,
> Loin du monde et du bruit, goûter l'ombre et le frais !
> Oh ! qui m'arrêtera sous vos sombres asiles ! » (3).

Où peut-on être mieux pour réfléchir et méditer que dans une forêt profonde et silencieuse ! D'après saint Bernard, on y apprend encore plus que dans les livres. *Aliquid amplius invenies in sylvis quam in libris.*

Quel charme n'éprouve-t-on pas à parcourir les forêts, en toutes saisons ! Au printemps, une feuillaison d'un vert tendre et doux, embellit les arbres, tandis que des fleurs odorantes et gracieuses tapissent le sol des bois et parfument l'air qui les environne. En été, c'est une végétation luxuriante qui permet au promeneur de trouver, sous un feuillage épais, un abri-contre les ardeurs du soleil et une agréable fraîcheur.

> *..... O qui me gelidis in vallibus Hœmi*
> *Sistat, et ingenti ramorum protegat umbra!* (4)

L'aspect des bois est moins agréable pendant l'hiver. A cette époque, en effet, la nature sommeille, tous les paysages sont tristes. Cependant, quand les arbres sont couverts de givre lorsqu'ils sont, suivant l'expression de Mme de Sévigné, parés de perles et de cristaux (5),

(1) *Phèdre*, acte 1er, scène 3.
(2) Virgile, *Géorgiques*, livre II.
(3) La Fontaine, livre XI, fable IV.
(4) Virgile, *Géorgiques*, livre II.
(5) Mme de Sévigné, Paris, 16 janvier 1675.

on est encore vivement frappé par un spectacle d'une beauté étrange et sévère.

> Et les arbres, comme aux féeries,
> Sont en filigrane d'argent (1).

Que dire de l'automne ? Dans cette arrière-saison, le feuillage des bois présente un heureux mélange de toutes les couleurs et de toutes les nuances, dont la beauté est incomparable lorsqu'ils sont dorés par les rayons du soleil. Les promenades ont un charme tout particulier. Il y a, en effet, une grâce pleine de mélancolie dans ces derniers beaux jours de l'année, où, suivant Mme de Sévigné, « les feuilles sont aurore, et de tant de sortes d'aurore, que cela compose un brocard d'or riche et magnifique » (2).

Le poète, le penseur et l'artiste n'ont pas, seuls, le privilège d'apprécier les bois. L'industriel et le commerçant, en se plaçant à un tout autre point de vue, en connaissent aussi la valeur. Ils savent, en effet, quelle source de richesses se trouve dans les forêts, et tirent habilement parti de tous leurs produits. Pour être complet, il faudrait aussi parler de la chasse, plaisir connu depuis les temps les plus anciens et toujours recherché par la plupart des hommes. Les Romains, si nous nous en rapportons au témoignage d'Horace, étaient si passionnés pour la chasse qu'ils ne craignaient pas d'aller au loin, et par les temps les plus durs, poursuivre le gibier.

> ..... Manet sub jove frigido
> Venator, teneræ conjugis immemor (3).

La chasse fut jadis l'apanage et le privilège exclusif de la noblesse. Elle est aujourd'hui bien démocratisée. Mais nous ne voulons pas insister plus longtemps sur

(1) TH. GAUTIER, Emaux et Camées, Fantaisies d'hiver.
(2) Mme DE SÉVIGNÉ, Livry, 3 novembre 1677.
(3) HORACE, Odes, livre Ier, ode Ire.

ce plaisir ni sur ces avantages si nombreux et si divers, et nous avons hâte de revenir au côté historique de notre étude (1).

La Gaule ancienne était couverte d'immenses forêts. Au moment de la conquête de ce pays par les Romains, un grand changement se produisit à cet égard.

Afin d'augmenter le nombre des terres cultivées, plusieurs forêts furent défrichées. D'autres causes firent également disparaître une grande partie des forêts. On y laissait errer les nombreux troupeaux de porcs qui mangeaient les glands et empêchaient ainsi les chênes de se reproduire. Enfin les Romains détruisirent bien des forêts lors de l'expédition de César *omnibus arboribus longe late que excisis*, lisons-nous dans ses Commentaires. Sous les empereurs, les possesseurs des *Latifundia*, désirant reculer les limites de leurs domaines, firent de même.

Ne croyons pas cependant que l'étendue des forêts fût déjà bien diminuée. Elle était encore très grande. Aussi voyons-nous que, sous Charlemagne et plus tard sous Louis-le-Débonnaire, on abandonnait aux prolé-

---

(1) André Theuriet, qui sait si bien dépeindre les beautés de la nature, a fait une charmante description des forêts, dans la *Vie Rustique*. Nous en citons volontiers quelques passages.

« Avec avril tout part, les anémones blanches s'épanouissent au milieu des feuilles sèches, les pivoines, les primevères sèment d'étoiles jaunes la terre noire, et les faux narcisses penchent leurs grelots d'or mat au-dessus des ruisseaux. Tout verdoie, trembles aux feuilles blondes, noisetiers aux frondaisons épaisses, charmes et hêtres aux verdures tendres et, dans le grand bois, par touffes, par larges plaques d'un vert vigoureux, la double feuille des muguets se pare d'une aigrette de clochettes d'un blanc laiteux et parfume l'air.

A mesure que l'on approche du mois de juin, la forêt redouble ses enchantements. Toute la riche et plantureuse floraison de l'été s'y épanouit dans la pénombre ; les ancolies bleues y balancent leurs corolles pareilles à des bonnets de folie, les épis laiteux de la Vierge y montent sveltes et minces à côté des orchidées aux fleurs bizarres. Il fait presque nuit sous les retombées des hêtres qui entrecroisent leurs branches, et dans cette nuit des gouttes de lumière pleuvent sur la terre noire où les fougères étendent

taires les produits secondaires des bois. Les cultiva-
teurs prenaient ces produits, comme les usagers le font
de nos jours pour les bois de chauffage, mais sans être
entravés à cette époque par des règlements de police,
relativement à la délivrance.

Jusqu'au xiiie siècle, il est difficile de savoir comment
les forêts furent administrées. Pendant la féodalité,
chaque seigneur faisait un règlement local, dans
l'étendue de sa seigneurie, pour la police des droits
d'usage.

A la fin du xiiie siècle, les rois soumirent les droits
des usagers à des statuts particuliers dans les forêts
dépendant du domaine de la couronne, afin de mettre
un terme aux abus qui s'y commettaient.

En 1280, Philippe-le-Hardi rendit une ordonnance
en ce sens (1).

Les ordonnances de 1346 et 1376 constituèrent les
maîtrises des eaux et forêts. Celles de 1515, 1518 et
1543, rendues sous le règne de François Ier, méritent
d'être signalées. L'ordonnance de 1669 leur fit de
sérieux emprunts. On y découvre une tendance à

leurs feuilles en éventail, puis cette obscurité fraîche est soudain
coupée par de grandes tranchées herbeuses qui s'enfoncent à
perte de vue dans le massif forestier.

La coloration des bois en hiver, pour être moins éclatante, n'en
est pas moins merveilleuse. Quelle variété et quelle richesse dans
les tons neutres et fins ! le gris argenté ou le noir bistré des écor-
ces, le vert velouté des mousses, le vert lustré du houx, le vert
brun des ronces, l'or fauve de certains lichens, la rousseur tannée
du feuillage desséché des chênes, la marbrure des lierres l'ivoire
jauni des tiges sèches des graminées. Les feuilles ne sont plus là-
haut dans les arbres, mais elles sont toutes à terre, elles forment
une jonchée épaisse, doucement bruissante, aux teintes passées,
assourdies et rompues comme celles d'un vieux tapis d'Orient, et
où l'on peut néanmoins encore distinguer à quelle espèce chaque
débri appartient. On y retrouve le jaune paille des feuilles de
sycomore, le blanc soyeux des feuilles de saule ou d'érable, le
rouge vif de celles de l'alisier, l'aurore safrané de celles du bouleau, les tons cuivrés ou violacés de la dépouille des hêtres et
châtaigniers. »

(ANDRÉ THEURIET, *La Vie Rustique*).

(1) *In parlamento omnium sanctorum, anno Domini* 1280.

réglementer d'une façon générale l'administration des
forêts, quel qu'en fût le propriétaire. L'autorité royale
y trouvait un moyen de diminuer la puissance des seigneurs et de détruire l'organisation féodale.

Dans les ordonnances antérieures à l'édit de 1543,
les officiers n'étaient appelés à s'occuper que des bois
royaux. L'édit de 1543 leur prescrivait d'étendre leur
surveillance sur toutes les autres propriétés boisées,
sur lesquelles ils devaient exercer leur juridiction.

Henri II, en 1558, défendit aux princes, prélats,
églises, nobles et vassaux, de couper les futaies de
leurs forêts. Charles IX, par un édit de 1563, ne permit
aux particuliers de couper les taillis qu'après l'âge de
10 ans. Une ordonnance de 1583 « fit défense aux usagers de couper aucun bois sans la permission des
officiers » (1).

Toutes ces dispositions étaient fort sages et leur
application nécessaire. Mais le malheur des temps ne
permit pas de veiller à leur exécution. On fit des coupes
extrordinaires, afin de faire face aux besoins urgents,
ce qui permit de payer les officiers dont le nombre était
trop considérable. Les usagers ne tinrent aucun
compte des prescriptions contenues à leur égard, dans
les ordonnances.

Henri IV rendit en 1597, à Rouen, un édit destiné à
préserver les forêts d'une destruction complète. En
lisant cet édit on se rend compte de l'état de désordre
dans lequel était tombé, à cette époque, l'administration forestière.

« Considérant que les grands dégâts et ruines des
forêts de notre royaume, tant de celles de notre
domaine, que de celles des ecclésiastiques, comman-
deries et communautés, procèdent principalement des
ventes extraordinaires qui se font contre les règlements

____

(1) Ordonnance de 1583, art. 2.

de nos prédécesseurs et de nous — du grand et excessif nombre d'officiers grands et petits qui prennent gages et taxations, chauffages et autres droits ès dites forêts, que de l'extrême quantité d'usages et chauffages qu'il y a en icelles, et des délits, abus et malversations qui s'y commettent... Ne pouvant plus tolérer, ni laisser aller le mal plus longtemps (1) »... Le roi défendit toute coupe extraordinaire et révoqua les droits d'usage concédés à titre gratuit depuis François Ier.

Un second édit de la même année contient un grand nombre de dispositions relatives aux officiers, aux coupes et aux droits d'usage. Malheureusement ces sages prescriptions restèrent sans effet, et ce n'est que sous Louis XIV, en 1669, que la propriété forestière fut réellement protégée par une ordonnance que nous allons examiner :

Cette ordonnance est l'œuvre de Colbert. Ce grand ministre, pensant que la France périrait faute de bois, s'efforça de conjurer ce danger. On peut considérer cette ordonnance de 1669 comme une des œuvres les plus remarquables de ce règne si glorieux également à tant d'autres titres. Elle a régi la propriété forestière pendant plus de cent cinquante ans. Elle ne fut d'ailleurs pas acceptée sans difficulté par les Parlements. Celui de Paris ne l'enregistra qu'en vertu de lettres de *Jussion* (le roi séant à son lit de Justice). Ce fait n'a rien de surprenant. Les mesures énergiques prises, dans cette ordonnance, pour la conservation des forêts amoindrissaient les droits des seigneurs et des grands propriétaires de bois, au profit de l'autorité royale. Or les Parlements étaient en grande partie composés de seigneurs justiciers et de propriétaires de bois. Leur résistance était donc bien naturelle.

Nous n'entendons pas analyser l'ordonnance de 1669. Un simple exposé suffira.

(1) *Edit de Rouen*, janvier 1597. (DALLOZ, v° *Forêts*.)

Le titre premier traite de l'étendue de la compétence des officiers chargés de juger les matières forestières, et le titre II indique les conditions nécessaires pour être officiers de maîtrises.

Les titres III, IV et V traitent de la compétence particulière des grands-maîtres, maîtres particuliers et lieutenants.

Les titres suivants sont relatifs à la mission du procureur du roi, du garde-marteau et du greffier. Le titre IX est relatif aux gruyers et les suivants aux huissiers-audienciers, gardes généraux, sergents et gardes des forêts et des bois tenus en grurie, grairie, ségrairie, tiers et dangers et par indivis, enfin aux arpenteurs. Le titre XV est consacré à l'assiette, au balivage, martelage et à la vente des bois, le titre XVI aux récolements.

Les titres XIX et XX sont relatifs aux droits de pâturage et panage, chauffage et autres usages des bois, tant à bâtir qu'à réparer. Le titre XXVI est relatif aux bois appartenant aux particuliers. Le titre XXVII traite de la police et de la conservation des forêts, eaux et rivières ; enfin le titre XXXII, des peines, amendes, dommages-intérêts et confiscations encourues pour délits forestiers.

Cette simple énumération donne une idée de l'ensemble de cette ordonnance qui est un véritable monument de jurisprudence. Suivant la pensée d'un éminent jurisconsulte : « Les règles qu'elle trace pour l'assiette, le balivage, le martelage et la vente des bois, les récolements, et, en général, les conditions de l'exploitation, sont dignes de servir de modèle à l'administration du Père de famille le plus éclairé sur ses intérêts particuliers, tout y est en effet fondé sur l'expérience la plus certaine et la pratique la mieux entendue (1). »

(1) Dupin, *Lois forestières*.

Cette loi a servi de guide aux jurisconsultes, lors de la confection du Code forestier qui nous régit actuellement.

On rencontrait jadis, dans certains titres, une clause dite de bon plaisir. Un mot de cette clause, et sur quelques droits aujourd'hui disparus.

Que signifiait cette clause ?

Lorsqu'une concession de droit d'usage était accordée dans un titre (notamment dans ceux qui émanaient des ducs de Lorraine) et que la clause de bon plaisir était insérée dant ce titre, la concession était révocable. Tel était le sens de cette clause.

Il importait d'ailleurs de distinguer si la concession était antérieure ou postérieure à 1600. En effet, le principe de l'inaliénabilité du domaine n'avait été réellement appliqué qu'à partir de 1600 (et généralement d'une façon moins rigoureuse en Lorraine qu'en France).

Si donc la concession de droit d'usage avait été faite avant 1600, et que le titre ne contînt pas de clause de bon plaisir, la concession était irrévocable. Si, au contraire, la clause de bon plaisir avait été insérée dans l'acte, la concession était révocable.

A partir de 1600, toutes les concessions étaient révocables, que l'acte contînt ou non la clause de bon plaisir.

Sauf de rares exceptions, dit Meaume, où des arrêts du Conseil ont appliqué la formule de bon plaisir à la réformation ou à la reconstitution de droits d'usage établis à une époque où le domaine était aliénable, il est généralement vrai de dire que la clause de bon plaisir marquait d'un signe de révocabilité, les titres de droit d'usage dans lesquels elle se trouvait insérée (1).

Parlons maintenant du triage, du tiers et danger et du tiers-denier.

(1) Meaume, *Commentaire, Code forestier*, n° 330.

Qu'est-ce que le triage ?

Merlin le définit ainsi :

« On appelle triage, une opération qui consiste à distraire le tiers des biens communaux d'une paroisse au profit du seigneur de la concession gratuite duquel ils proviennent.

« Je dis bien communaux et, par cette expression, j'entends non les biens dont une communauté d'habitants n'est qu'usagère, mais les biens qui lui appartiennent et dont elle est réellement propriétaire. Je fais cette observation d'après Coquille ; il y a plus : non seulement le triage a lieu dans le cas dont je viens de parler, mais il n'a lieu que dans ce cas précis (1). »

Les seigneurs, en effet, accordèrent à leurs vassaux affranchis, la propriété de certains bois, soit gratuitement, soit à la charge de redevances. Lorsque le seigneur avait fait cette concession à titre gratuit, en se réservant seulement la chasse, la pêche et les droits honorifiques, ses descendants, voulant recouvrer une partie de ce qui avait été aliéné par leur auteur, reprirent un tiers de ce qui avait été aliéné par lui. C'est ce qu'on appelait exercer le triage. Malheureusement des abus se produisirent. Après avoir usé de ce droit, certains seigneurs l'exercèrent de nouveau sur la partie qu'ils avaient laissée aux communes, ou sur des biens acquis à titre onéreux par leurs vassaux (2).

Il ne faut pas confondre le triage, droit essentiellement féodal avec le cantonnement dont nous parlerons plus loin.

Le triage s'exerçait sur la propriété donnée par le seigneur à une communauté, tandis que le cantonnement est un rachat en nature des droits d'usage. C'est,

---

(1) MERLIN, *Répertoire de jurisprudence.* v° *Triage.*
(2) MEAUME, *Commentaire, Code forestier*, n°ˢ 399 et 400.

en un mot, un mode d'affranchissement de la propriété (1).

Que signifiaient les mots tiers et danger? Le droit de prendre, soit en nature, soit en argent, une part des produits des forêts. Ce droit était exclusivement royal et domanial. L'ordonnance de 1667 réservait la perception de ce droit au profit du roi.

L'ordonnance de 1669 consacra ce droit, qui fut aboli par les lois des 17 juillet et 25 août 1793.

Suivant Terrien-Saint-Yon et Fréminville, ces droits étaient « la tierce et la dixième partie du prix de la vente de la coupe d'un bois, en sorte que si un arpent était vendu 30 francs, dans sa totalité, la portion du 1/3 pour le roi était de 10 francs et pour le droit de danger, ou dixième, trois francs, ce qui faisait dix-sept francs pour le propriétaire, treize francs pour le roi (2).

D'après les feudistes, ce droit n'était exercé que sur certaines forêts de l'ancien domaine de la couronne situées en Normandie.

En Lorraine, dans le Barrois et le Clermontois, il existait un autre droit, le tiers-denier.

Il présentait une certaine analogie avec le tiers et danger. Mais il n'était pas absolument semblable, car si le duc ou le seigneur prélevait également le tiers du produit des coupes, du moins ne prélevait-il pas le dixième ou danger.

Ce droit était établi par une ordonnance de Charles IV, duc de Lorraine, dans laquelle nous lisons : « Faisons très expresses inhibitions et défenses aux habitants et communautés des villes, bourgs et villages des pays de notre obéissance, de faire aucune vente ni coupe extraordinaire de bois taillis et hautes futaies sans la participation des officiers de la gruerie et sans

---

(1) Aujourd'hui on entend par triage la circonscription d'un garde forestier, et par cantonnement celle d'un agent forestier.

(2) FRÉMINVILLE, *Pratique des Terriers*, tome III, page 173.

avoir auparavant obtenu la permission de Nous, voulons et ordonnons que le prix desdites ventes et des fruits de leurs autres usages, le tiers-denier en soit payé par préférence à nos gruyers qui seront tenus de rapporter le profit aux comptes qu'ils rendront du fait de leurs charges (1). »

Jusqu'en 1789, il existe peu d'actes législatifs méritant d'être signalés. Citons cependant deux édits de 1704, le premier supprimant les tables de marbre et les chambres de réformation des eaux et forêts, le second rétablissant, à Paris, la juridiction de la table de marbre, l'édit de 1707, établissant un juge gruyer, un procureur du roi et un greffier en chacune des justices des seigneurs ecclésiastiques et laïques du royaume, la déclaration du 8 janvier 1715, ordonnant que les officiers des maîtrises exerceront la même juridiction sur les eaux et forêts des ecclésiastiques et communautés que sur celles du roi, l'édit de mai 1716 portant règlement sur le recouvrement et l'emploi des amendes, une déclaration de 1777 organisant une nouvelle régie des domaines et bois.

Depuis la fin de l'année 1789 jusqu'au Consulat, de grands désordres se produisirent dans les forêts. Afin de sauvegarder les bois, Louis XVI les plaça sous la protection des municipalités. Ils furent ensuite placés sous la protection de la Nation.

Un décret du 23 août 1790, consacra l'inaliénabilité des grandes masses des forêts, n'autorisant que la vente des bocqueteaux et parties de bois éparses, éloignées de mille toises de bois d'une plus grande étendue. Nous lisons dans l'article premier : « Les grandes masses des bois et forêts sont et demeurent exceptées de la vente et aliénation des biens nationaux. »

---

(1) MEAUME, *Commentaire, Code forestier*, n° 412. On retrouve une trace de ces anciens droits dans les forêts indivises entre l'Etat et les communes. L'Etat a droit au tiers de la futaie vendue.

L'ancienne juridiction spéciale des forêts ayant été supprimée, une loi du 11 septembre 1790 ordonna qu'à l'avenir les tribunaux ordinaires connaîtraient de toutes les affaires forestières.

Un décret du 29 septembre 1791 créa une nouvelle administration des forêts sous le nom de conservation générale des forêts.

Elle était composée de cinq membres portant le titre de commissaires de la conservation générale. Sous leurs ordres se trouvaient les conservateurs ; sous les conservateurs les inspecteurs, puis, enfin, les gardes (1).

Les bois des particuliers cessaient d'être soumis au régime forestier.

Cette loi définit les pouvoirs administratifs de cette nouvelle administration forestière et en indique les attributions. Le Code forestier lui a fait de nombreux emprunts, mais en modifiant plusieurs de ses dispositions.

Citons encore une loi du 9 floréal an XI, prescrivant de sages mesures pour mettre un terme à des défrichements trop considérables dans les bois des particuliers. Cette mesure n'était toutefois que provisoire. L'article premier est ainsi conçu : « Pendant vingt-cinq ans, à partir de la promulgation de la présente loi, aucun bois ne pourra être arraché et défriché que six mois après la déclaration qui en aura été faite par le propriétaire devant le conservateur forestier de l'arrondissement où le bois sera situé (2). »

A partir de cette époque, jusqu'en 1814, nous avons peu de chose à signaler. Mentionnons seulement un avis du Conseil d'Etat du 26 avril 1808, déclarant que les affouages seront partagés par feu et non par tête, un décret du 18 juin 1809, assignant une place parti-

____

(1) *Décret* du 29 septembre 1791, sur l'administration forestière, titre II, art. 1, 5, 6 et 7.

(2) 9 floréal an XI, art. 1er.

culière aux agents de l'administration forestière dans les audiences de police correctionnelle, un décret du 2 février 1811, chargeant les gardes généraux des forêts, du recouvrement des amendes encourues pour délits forestiers.

Les forêts eurent beaucoup à souffrir des circonstances malheureuses dans lesquelles se trouva la France pendant les dernières années de l'empire. D'après Baudrillart « on fit des coupes extraordinaires pour la défense des places de guerre, on éloigna les gardes de leurs postes pour le service militaire, et les deux invasions furent accompagnées d'une double dévastation » (1).

Le gouvernement de la restauration s'efforça d'améliorer la situation des forêts. Une ordonnance du 10 mai 1814 déclare nulles les ventes de bois faites par l'autorité du commandant des puissances coalisées postérieurement aux conventions du 23 avril 1814. Une ordonnance du 23 avril 1817 défendit de faire aucune coupe dans les quarts en réserve des bois communaux et des établissements publics, à moins d'une autorisation spéciale donnée par le chef de l'Etat et pour satisfaire des besoins urgents.

Voici la teneur de l'article premier de cette ordonnance :

« Conformément à l'ordonnance de 1669 et à la loi du 29 septembre 1791, aucune coupe ne pourra se faire, sous les peines portées par les lois, dans les quarts en réserve des bois des communes, des hôpitaux, des bureaux de charité, des collèges, des fabriques, des séminaires, des évêchés, des archevêchés et de tous autres établissements publics, qu'en vertu des ordon- que nous jugerons convenables de rendre sur les rap-

---

(1) BAUDRILLART, *Dict. des Eaux et Forêts*, p. 79.

ports de notre ministre, secrétaire d'Etat du département des finances. »

Les dispositions de cette ordonnance ont été reproduites par le Code forestier et l'ordonnance réglementaire du 1er août 1827. Citons encore deux ordonnances du 26 août 1824 et du 27 septembre 1826 créant et organisant l'École forestière de Nancy.

Arrivons maintenant à la loi du 31 juillet 1827, c'est-à-dire au Code forestier, complété lui-même par l'ordonnance du 1er août 1827, qui organise le service intérieur de l'administration forestière, et prescrit toutes les dispositions nécessaires pour assurer l'exécution de la loi (1).

Le projet du Code forestier fut présenté à la Chambre des députés par le vicomte de Martignac, ministre d'État, le 29 décembre 1826.

Nous lisons dans son exposé : « Tous les besoins de la vie se lient à la conservation des forêts, l'agriculture l'architecture, presque toutes les industries y cherchent des aliments et des ressources que rien ne saurait remplacer. Nécessaires aux individus, les forêts ne le sont pas moins aux États, c'est dans leur sein que le commerce trouve des moyens de transport et d'échange, c'est à elles que les gouvernements demandent des éléments de protection, de sûreté et de gloire. Ce n'est pas seulement par les richesses qu'offre l'exploitation des forêts sagement combinée, qu'il faut juger de leur utilité, leur existence même est un bienfait inappréciable pour les pays qui les possèdent, soit qu'elles protègent et alimentent les sources et les rivières, soit qu'elles soutiennent et raffermissent le sol des mon-

---

(1) A propos de cette ordonnance, M. Dupin s'exprime ainsi : C'est une chose fort bien conçue d'avoir séparé du corps de la loi tout ce qui est purement réglementaire, rien ne serait plus propre à soulager la législation, si ce partage était toujours possible et toujours bien fait.

tagnes, soit qu'elles exercent sur l'atmosphère une heureuse et salutaire influence. La destruction des forêts est souvent devenue pour les pays qui en furent frappés, une véritable calamité et une cause prochaine de décadence et de ruine (1). » Nous avons cité volontiers ce passage du rapport de M. de Martignac, car il expose admirablement tous les avantages qu'on peut tirer des forêts et fait comprendre tout le charme qu'on y trouve. Il indique également le danger que présente la destruction des forêts et, par suite, la protection dont tout gouvernement doit les entourer.

Favart de Langlade fut chargé de faire le rapport de ce projet de loi à la Chambre des députés, et le comte Roy fut rapporteur à la Chambre des pairs. Le projet ayant été adopté, le roi sanctionna la résolution des deux Chambres le 21 mai, et la loi fut promulguée le 31 juillet 1827.

Le Code forestier est considéré comme un des meilleurs actes législatifs de la restauration. Nous n'entendons pas l'analyser. Ce n'est pas, en effet, l'objet de cette étude. Nous nous contenterons simplement d'en faire connaître l'économie générale.

Dans le titre premier, nous trouvons l'énumération des bois soumis au régime forestier. Ce sont les bois et forêts faisant partie du domaine de l'État, du domaine de la couronne, qui sont possédés à titre d'apanage et de majorats réversibles à l'État, les bois et forêts des communes, des établissements publics, ceux enfin dans lesquels l'État, la couronne, les communes ou les établissements publics ont des droits de propriété indivis avec des particuliers.

Les bois des particuliers ne sont pas soumis au régime forestier. Les propriétaires de ces bois exercent

---

(1) *Exposé du Code forestier*, présenté à la Chambre des députés par le vicomte de Martignac.

sur eux tous les droits résultant de la propriété, sauf certaines restrictions indiquées par le Code forestier.

Le titre suivant traite de l'Administration forestière, c'est-à-dire des qualités requises pour être agent forestier, et des attributions de ces agents.

Le titre III, relatif aux bois et forêts, faisant partie du domaine de l'État, s'occupe de la délimitation et du bornage. Cette séparation, entre les bois de l'État et les propriétés riveraines, peut être requise par l'administration forestière ou par les riverains. La section II du même titre traite de l'aménagement, la partie la plus importante de l'administration forestière. Suivant l'heureuse définition du comte Roy, l'aménagement est l'art de diviser une forêt en coupes successives et de régler l'étendue ou l'âge des coupes annuelles, dans le plus grand intérêt de la conservation de la forêt, de la consommation en général, dans celui enfin du propriétaire et, s'il s'agit des forêts de l'État, dans le plus grand intérêt de la Société.

La section III est relative à l'adjudication des coupes. Aucune vente ne peut avoir lieu, dans les bois de l'État, que par adjudication publique. Cette adjudication doit être annoncée au moins quinze jours avant la vente, par des affiches apposées dans le chef-lieu du département, dans le lieu de la vente, dans la commune de la situation des bois et dans les communes environnantes. Toute vente faite par un autre mode que l'adjudication publique est considérée comme clandestine et déclarée nulle.

La section IV est consacrée à l'exploitation qui est soumise à des règles dont l'adjudicataire n'a pas le droit de se départir. Il ne peut faire aucun changement à l'assiette des coupes et y ajouter aucun arbre sous quelque prétexte que ce soit.

La section V traite des réarpentages et des récolements auxquels il doit être procédé dans les trois mois

qui suivent le jour de l'expiration des délais accordés
pour la vidange des coupes.

Les adjudications de glandée, panage et paisson sont
réglées dans la vi⁰ section. On doit observer pour
ces adjudications les mêmes formalités que pour les
adjudications des coupes de bois.

La section viii traite des droits d'usage dans les
bois. C'est là une question fort intéressante que nous
nous proposons d'étudier dans la première partie de
notre travail. Nous nous contenterons donc de l'indiquer simplement ici, sans entrer dans les détails.

Disons seulement que la loi déclare qu'à l'avenir il
ne sera plus fait dans les forêts de l'État aucune concession de droit d'usage, de quelque nature et sous quelque prétexte que ce soit. Ajoutons aussi que le Gouvernement est autorisé à affranchir les forêts de l'État de
tout usage en bois, moyennant un cantonnement, et
de tous les autres usages, par la voie du rachat.

Avant de parler du titre IV, il nous reste à dire un
mot des affectations à titre particulier dans les bois de
l'État. Cette matière est traitée dans la section vii.
Cette question ne présente plus d'intérêt aujourd'hui,
car aux termes de l'article 58, toutes les affectations de
coupes de bois concédées à des communes, établissements publics, ou à des particuliers, ont cessé de produire aucun effet à partir du 1ᵉʳ septembre 1837.

Le titre IV est consacré aux bois et forêts faisant
partie du domaine de la couronne. Ces forêts sont
soumises au régime forestier comme celles qui font
partie du domaine de l'État, sauf quelques restrictions
indiquées dans l'article 86 du Code forestier. Les forêts
possédées à titre d'apanage ou de majorats (1), réversibles à l'État, celles des communes et des établisse-

_____

(1) Aux termes de l'article 1ᵉʳ de la loi du 12 mai 1835, « toute
institution de majorat est interdite à l'avenir ».

ments publics, et enfin les forêts dans lesquelles l'État, la couronne, les communes ou les établissements publics ont des droits indivis avec des particuliers sont aussi soumises au régime forestier, sauf quelques restrictions mentionnées dans la loi (1).

Le titre VIII est consacré aux bois des particuliers. Les propriétaires ont le droit de les administrer comme ils l'entendent. Ils sont tenus de faire agréer leurs gardes particuliers par le sous-préfet de l'arrondissement. Ces gardes doivent prêter serment devant le tribunal de première instance, et ne peuvent entrer en fonctions avant d'avoir rempli cette formalité.

Nous avons dit que les propriétaires administraient leurs bois comme il leur convenait. Ce principe de liberté n'est cependant pas absolu. Il existait jadis deux exceptions à cette règle, concernant le martelage et les défrichements. Le droit de martelage a été supprimé.

La seconde restriction relative aux défrichements, existe encore. Cette question faisant l'objet du titre XV, nous l'examinerons un peu plus loin.

Le titre IX est relatif aux affectations spéciales des bois à des services publics.

La première section est consacrée aux bois destinés au service de la marine. Nous lisons dans l'article 122 : Dans tous les bois soumis au régime forestier, lorsque des coupes devront y avoir lieu, le département de la marine pourra faire choisir et marteler par ses agents les arbres propres aux constructions navales, parmi ceux qui n'auront pas été marqués en réserve par les agents forestiers.

Dans la section II, le législateur s'occupe des bois destinés au service des ponts et chaussées pour les travaux du Rhin. Aujourd'hui, il ne saurait malheureusement être question de l'application des règles

---

(1) *Code forestier*, titres V, VI et VII.

tracées dans cette section, le Rhin ne nous appartenant plus. Espérons qu'un jour viendra où elles pourront être appliquées de nouveau.

Le titre X renferme les dispositions relatives à la police et à la conservation des bois et forêts. La section ɪ contient les dispositions applicables à tous les bois et forêts en général, la section ɪɪ, celles qui ne sont applicables qu'aux bois et forêts soumis au régime forestier.

Arrivons au titre XI qui traite des poursuites en réparation des délits et contraventions.

C'est l'administration forestière qui est chargée des poursuites en réparation de tous délits et contraventions commis dans les bois et forêts soumis au régime forestier, sauf l'exception mentionnée dans l'article 87. La procédure à suivre est indiquée dans la ɪʳᵉ section de ce titre.

La section ɪɪ est relative aux poursuites exercées au nom et dans l'intérêt des particuliers.

Le titre XII énumère les peines et condamnations encourues pour les infractions commises dans tous les bois et forêts

Remarquons que, si aux termes de l'article 159 du Code forestier, la poursuite des délits et contraventions appartient à l'administration forestière, le ministère public n'en conserve pas moins le droit d'exercer lui-même ces poursuites s'il lui paraît opportun de le faire.

La connaissance de ces affaires appartient aux tribunaux correctionnels (1).

D'après l'article 185 du Code forestier, la prescription est, en pareille matière, de trois mois, à compter du jour où les délits et contraventions ont été constatés, lorsque les prévenus sont désignés dans les procès-

_____

(1) Art. 179, *Code d'instruction criminelle.*

verbaux, et de six mois, à compter du même jour, dans le cas aù ils n'ont pas été désignés.

Signalons un tableau annexé à cette loi contenant le tarif des amendes à prononcer pour chaque arbre, d'après sa grosseur et son essence (1).

Le titre XIII traite de l'exécution des jugements. La section 1ʳᵉ est relative aux jugements rendus à la requête de l'Administration forestière ou du ministère public. La section II à ceux qui sont rendus dans l'intérêt des particuliers. Le titre XIV contient une disposition générale.

Il nous reste à parler des défrichements. C'est le sujet du Titre XV.

Jadis les défrichements étaient interdits dans les bois de l'État, dans ceux des communes, comme dans les bois des particuliers. En ce qui concerne ces derniers, il y avait là une atteinte sérieuse portée au droit de propriété. Cette disposition exceptionnelle et anormale ne peut s'expliquer que par des raisons d'intérêt public. Le législateur de 1791 voulut modifier cet état de choses. Il permit aux particuliers de défricher leurs bois comme il leur conviendrait. Ce fut un autre écueil. Les propriétaires abusèrent du droit qui leur était conféré, et les défrichements furent beaucoup trop considérables. Il fallut mettre un terme à ces abus. La loi du 9 floréal an XI, défendit de défricher pendant vingt-cinq ans, sans autorisation préalable.

Cette prohibition fut maintenue pendant vingt ans, par le Code forestier. Elle fut ensuite prorogée jusqu'au 31 juillet 1850, par la loi du 22 juillet 1847, et enfin par d'autres lois, jusqu'au 18 juin 1859. A cette époque, une nouvelle loi remplaça l'ancien texte du Code forestier par le suivant :

« **Aucun** particulier ne peut user du droit d'arra-

____
(1) Art. 192, *Code forestier.*

cher ou défricher ses bois qu'après en avoir fait la décla-
tion à la sous-préfecture, au moins quatre mois
d'avance, pendant lesquels l'administration peut faire
signifier son opposition au défrichement. »

L'administration ne peut d'ailleurs exercer ce droit
que dans les cas prévus par l'article 220. La simple
énumération des circonstances dans lesquelles l'opposition au défrichement est recevable, démontre à quel
point les forêts sont nécessaires à la défense du pays,
à la salubrité de l'air, au maintien des terres sur les
montagnes, et à l'existence des cours d'eau.

L'ordonnance du 1ᵉʳ août 1827 a pour but, ainsi que
nous l'avons dit, d'assurer l'exécution des dispositions
contenues dans le Code forestier.

La loi du 18 juin 1859 a augmenté le nombre des cas
où l'emprisonnement peut être prononcé, et a admis le
système des transactions, et la conversion des peines
pécuniaires en prestation en nature.

Ce ne fut pas sans difficulté que l'administration
forestière fut autorisée à transiger. Nous le comprenons
sans peine. Il est toujours dangereux, en effet, d'être
juge et partie dans sa propre cause. Un tribunal est
plus impartial que les parties elles-mêmes. Ne peut-il
pas se faire, en outre, que le prévenu transige sans le
savoir sur un titre nul ou sur une action éteinte ? Si un
procès-verbal n'a pas été affirmé dans le délai prescrit
par la loi, devant les autorités compétentes, il est frappé
de nullité. (Art. 165, Code forestier.) Rappelons-nous
aussi que l'action se prescrit par trois mois si les prévenus sont désignés dans les procès-verbaux et par six
mois dans le cas contraire. (Art. 185, Code forestier.)

Les délinquants ignorent habituellement ces dispositions légales qui leur sont si favorables. Il peut donc
arriver que, dans l'ignorance de leur droit de repousser
la poursuite, ils transigent sur un titre nul ou sur une

action éteinte. Mais on peut répondre facilement à ces justes critiques, qu'un tel danger n'est pas à craindre ici. Le coupable n'est pas, en effet, en face d'un simple particulier, mais de l'administration. Or, celle-ci sait dans quelles circonstances elle peut et doit agir. Elle usera de ses droits, mais se gardera bien d'en abuser.

La pratique a d'ailleurs prouvé qu'on avait eu raison d'accorder le droit de transaction à l'administration forestière comme aux douanes ou aux contributions indirectes.

L'administration forestière a fait si bon usage de son pouvoir quasi-régalien qui lui a été conféré par la lo du 18 juin 1859, que des décrets tout récents (1) lu· accordent le même droit en matière de pêche dans les rivières non navigables, ni flottables. Elle est chargée de la surveillance de la police et de l'exploitation de la pêche dans ces rivières, a le droit d'exercer des poursuites et de transiger,

Il est permis au délinquant insolvable de se libérer des peines pécuniaires, au moyen de prestations en nature, c'est-à-dire d'un travail accompli soit à la journée, soit à la tâche.

L'article 105 du Code forestier, qui traite du mode de partage des droits d'affouage, a été modifié par la loi du 25 juin 1874 et par celle du 23 novembre 1883. Nous signalons d'autant plus volontiers cet article, qu'il réglemente une matière dont nous nous occuperons tout particulièrement dans cette étude.

Plusieurs autres articles du Code forestier ont été modifiés par les lois des 4 mai 1837 et 18 juin 1859. Nous avons mentionné tout particulièrement la modification importante apportée par la loi du 18 juin 1859 au titre XV. Signalons aussi deux lois toutes récentes du 21 juin 1898 abrogeant les articles 32 et 153 du Code

____

(1) 7 novembre 1896 et 20 mars 1897.

forestier, et modifiant les articles 31, 103 et 154 du même
Code, laissant de côté un grand nombre de décrets et
d'ordonnances rendues en cette matière.

Un mot en terminant sur un projet de revision du
Code forestier, déposé le 16 juillet 1888 sur le bureau
du Sénat, par M. Viette, alors ministre de l'agriculture.
Ce projet n'a pas encore été soumis aux délibérations
de cette Assemblée. Parmi les principales innovations
de ce projet de loi, citons les suivantes : Limiter, en
ce qui concerne les bois des communes et des établissements publics, l'action de l'État à une bienveillante
tutelle, donner aux Conseils de préfecture compétence
pour statuer sur les difficultés qui peuvent être soulevées sur ces matières, admettre les circonstances
atténuantes pour les délits forestiers.

Quant à ce dernier point, on peut se demander si, en
présence du droit de transaction accordé à l'Administration forestière, l'application de l'article 463 du Code
pénal serait d'une réelle utilité.

L'Administration n'épuise-t-elle pas, en effet, en
transigeant, la part d'indulgence dont elle peut user
envers les délinquants? D'un autre côté, n'a-t-elle pas
raison de refuser de transiger lorsque les coupables sont
indignes de pitié? N'est-il pas aussi à craindre que les
tribunaux ne se mettent en opposition avec l'Administration en accordant des circonstances atténuantes à
des délinquants avec lesquels l'Administration a refusé
de transiger? Enfin, les prévenus eux-mêmes ne seront-
ils pas quelquefois disposés à refuser de transiger, dans
l'espoir que les tribunaux se montreront plus indul-
gents que l'Administration, en leur accordant le bénéfice des circonstances atténuantes dans la plus large
mesure? Toutes ces considérations ne sont-elles pas
très sérieuses? Certainement, mais tout en reconnais-
sant la justesse de ces critiques, nous pensons cependant qu'il serait possible d'appliquer utilement l'arti-

cle 463 pour les délits forestiers, sans provoquer un conflit entre les tribunaux et l'Administration.

Il y a, en effet, une certaine analogie entre la transaction et l'admission des circonstances atténuantes, mais il n'y a pas identité absolue entre ces deux choses. L'Administration peut quelquefois refuser de transiger sans que le prévenu soit absolument indigne de pitié. L'indulgence des tribunaux sera donc, dans certains cas, très motivée.

D'un autre côté, les magistrats renseignés par l'Administration chargée d'exercer les poursuites, se garderont bien de se mettre en opposition avec elle, par un excès d'indulgence. Peut-être accorderont-ils parfois un peu trop facilement les circonstances atténuantes, mais ce sera toujours cependant dans une sage mesure qui ne rendra pas les poursuites inutiles. Cela nous amène à nous demander pourquoi la loi ne permet pas aux juges d'accorder des circonstances atténuantes en toutes circonstances, ce qui, selon nous, serait très désirable. Il est bon, en effet, de leur permettre d'être à la fois fermes et humains, c'est-à-dire véritablement justes (1).

Dans son discours sur la loi de sursis, M. l'avocat général Bourdon s'exprimait ainsi :

« C'est une lamentable illusion que de croire faire œuvre d'équité en limitant, par des conditions étroites, la sévérité ou l'indulgence du juge et en élevant des barrières infranchissables contre la liberté de son pouvoir d'appréciation. Plus on restreint son champ d'action, plus on compromet l'équité de ses décisions (2) ».

(1) Le magistrat, disait d'Aguesseau, joint à la loi, souvent trop générale, le discernement des cas particuliers ; il ajoute à la justice cette équité supérieure sans laquelle la dureté de la lettre n'a souvent qu'une rigueur qui tue. (D'AGUESSEAU, 12e *Mercuriale*).

(2) Cour d'appel de Lyon, audience solennelle de rentrée du 17 novembre 1898. La loi de sursis ou la loi Bérenger, son fonctionnement, sa réforme.

Nous savons qu'aujourd'hui la loi, s'en rapportant avec raison à la sagesse des magistrats, leur permet d'accorder des circonstances atténuantes dans tous les cas prévus par le Code pénal. Elle étend cette faculté à un très grand nombre de lois spéciales, telles que la loi du 15 avril 1829 sur la pêche (si le préjudice n'excède pas 25 fr.), celles du 5 juillet 1844 (art. 42) sur les brevets d'invention, du 15 juillet 1845, sur la police des chemins de fer, du 19 décembre 1850, sur le délit d'usure, du 23 janvier 1873, sur l'ivresse, du 29 juillet 1881, sur la presse, etc.

Par contre, certaines lois spéciales repoussent l'application de l'article 463 : le Code forestier (art. 203), la loi du 3 mai 1844 sur la chasse (art. 20), les Codes de justice militaire pour les armées de terre et de mer. Disons de suite que l'Administration forestière a le droit de transiger, et que, dans le projet de loi du 16 juillet 1888, que nous désirerions voir se réaliser, les Tribunaux doivent pouvoir accorder des circonstances atténuantes pour délits forestiers. On peut, dans une certaine mesure, comprendre la rigueur excessive des Codes de justice militaire. Cette extrême sévérité se justifie par la nécessité de maintenir la discipline dans l'armée. Encore devons-nous remarquer que les articles 134 et 164 de ces deux Codes font mention des circonstances atténuantes dans les cas ou ces lois autorisent leur admission.

Il serait même question de permettre aux juges militaires d'accorder toujours les circonstances atténuantes.

Dans son discours prononcé le 17 octobre 1898, à l'audience de rentrée de la cour de Montpellier, M. Meynieux, avocat général à ladite cour, exprime ce désir :

« J'estime, dit-il, qu'il est nécessaire d'accorder aux juges militaires le droit de faire bénéficier les accusés des circonstances atténuantes dans tous les cas et dans toutes les hypothèses. L'humanité nous y convie, la justice nous y oblige, l'intérêt supérieur de la discipline n'y contredit pas. »

Nous sommes de cet avis.

Pour la chasse, la loi refuse d'admettre les circonstances atténuantes. Cette sévérité nous paraît difficile à comprendre. Dira-t-on que la loi sur la chasse ne condamne les délinquants qu'à de faibles peines. Soit... mais les peines prévues par le Code pénal sont quelquefois très minimes aussi (1).

Pourquoi d'un autre côté autoriser les tribunaux à user d'indulgence en matière de pêche et ne pas le leur permettre pour la chasse ? On a peine à se rendre compte de cette anomalie. Les poissons ont besoin d'être aussi protégés que le gibier. Les rivières ne sont pas plus épargnées par les braconniers que les bois. Aussi la raison de distinguer entre ces deux lois est-elle difficile à expliquer.

Examinons d'abord la question au point de vue historique. Il est certain que, sous l'ancien régime, il existait une grande différence entre la chasse et la pêche. Le droit de chasse était un des privilèges de la noblesse. Rien d'étonnant dès lors qu'il fût protégé d'une manière spéciale. Nous lisons en effet dans l'ordonnance de 1601 : « Permettons à tous seigneurs, gentilshommes et nobles de chasser et de faire chasser noblement, à force de chiens et d'oiseaux, à toutes sortes de gibier... Et quant aux marchands, artisans, laboureurs, paysans et autres telles sortes de gens roturiers, leur avons fait et faisons interdiction de chasser à aucunes grosses et menues bêtes. »

C'est également ce que dit Loyseau :

« Les gentilshommes ont en outre le privilège de la

____

(1) *Code pénal*, art. 179, 224, 471, 475 et 479.

chasse ès-lieux, saisons, gibier et aux engins non dé-
fendus, qui est interdit justement aux roturiers (1). »

Ce privilège extraordinaire s'explique facilement. La
chasse est l'image de la guerre. On y voyait un excel-
lent moyen d'y préparer ceux qui étaient appelés à la
faire. Il paraissait dès lors juste de réserver ce plaisir
à ceux dont les armes étaient la profession habituelle,
nobles et seigneurs. Ils pouvaient seuls en jouir, et ne
devaient céder ce droit à personne. Il n'en était pas de
même de la pêche, distraction calme et paisible, peu de
nature à plaire aux goûts hardis et aventureux des
seigneurs. Aussi, bien qu'ils se fussent réservé un droit
exclusif de pêche sur les petites rivières, les seigneurs
pouvaient-ils l'affermer. Les roturiers étaient à même
d'en jouir. Rien d'étonnant, par suite, qu'à cette époque
la chasse fût l'objet d'une protection toute autre que la
pêche. Mais aujourd'hui que tous ces privilèges ont
disparu, cette distinction n'a plus de raison d'être.
Cette raison historique ne saurait donc motiver la différence qui existe à l'égard des circonstances atténuantes, entre ces deux lois. Ce n'est pas du reste,
pensons-nous, le motif qui a déterminé le législateur à
faire cette distinction.

Dira-t-on alors pour justifier cette différence que la
peine de l'emprisonnement est toujours facultative en
matière de chasse, tandis que, dans l'article 25 de la loi
de 1829 sur la pêche, elle est obligatoire, à moins que
les magistrats ne fassent bénéficier les délinquants des
dispositions bienveillantes de l'article 463 (2). Ce ne
serait pas, selon nous, un motif suffisant. Nous recon-
naissons volontiers que l'emprisonnement est une peine
plus rigoureuse que l'amende, mais cette dernière
peine est encore très sérieuse, et pour beaucoup de
délinquants, très difficile à supporter.

(1) Loyseau, *Traité des ordres*, chap. v.
(2) Loi du 15 avril 1829, art. 72.

Il serait préférable d'ailleurs que la peine de l'emprisonnement fût formellement édictée dans les cas graves, et que les juges pussent, par contre, user d'indulgence dans les autres. Ce serait mieux faire la part de la justice et de l'humanité.

Revenons maintenant au droit pénal, et demandons-nous pourquoi le législateur est plus sévère pour les délits de chasse que pour ceux de droit commun.

Nous voyons, en nous reportant aux rapports présentés lors de la discussion sur la chasse, que le motif qui l'a déterminé à ne pas admettre l'application de l'article 463, en matière de chasse, c'est que la peine de l'emprisonnement serait toujours facultative.

« La commission, dit M. Franck-Carré, n'a consenti à admettre l'article 18 (exclusion des circonstances atténuantes) qu'à condition que l'emprisonnement ne fût, dans tous les cas prévus par la loi, prononcé que facultativement. »

Nous avons déjà dit que ce n'était pas une raison suffisamment grave pour justifier une mesure aussi rigoureuse. Nous n'y reviendrons pas.

Le second motif qui a engagé à refuser l'admission des circonstances atténuantes est le résultat d'une erreur.

Voici, en effet, comment s'exprimait M. Franck-Carré devant la Chambre des Pairs : « Qu'est-ce que les circonstances atténuantes dans des matières où l'intention n'est rien ? Dans les délits de droit commun, la question intentionnelle est tout. Ici, c'est le fait même de chasse qu'on punit, et on ne se préoccupe pas de la question intentionnelle... Et plus loin... Dans les matières où il n'y a pas de question d'intention à examiner, je ne comprends pas les circonstances atténuantes. Jamais une telle question n'est soulevée, n'est examinée en matière de contravention. Or, les faits de chasse, bien que qualifiés de délits et punis de peines correctionnelles, ne sont véritablement pas des délits, mais des contraventions, des infractions aux prescriptions de la loi. »

Comment, peut-on répondre, le bénéfice des circonstances atténuantes ne s'étend pas aux contraventions! Mais l'article 483 du Code pénal dit positivement le contraire. D'après lui les dispositions de l'article 463 du Code pénal peuvent être appliquées à toutes les contraventions énumérées dans ce Code ; or, les dispositions de l'article 483 étaient en vigueur depuis 1832, c'est donc par suite d'une véritable erreur qu'en 1844, le législateur a déclaré les dispositions de l'article 463, inapplicables en matière de contraventions. Cet argument est, par conséquent, sans valeur.

Aussi pensons-nous qu'il n'existe aucune raison sérieuse pouvant empêcher les délinquants en matière de chasse de bénéficier des dispositions bienveillantes de l'article 463 du Code pénal.

Nous serions heureux qu'il fût permis aux tribunaux de leur en faire application...

Nous disons volontiers, comme M. Mestidier (1), que la trop grande sévérité des lois conduit souvent à l'impunité. (2) Evitons soigneusement un pareil résultat dont les conséquences sont déplorables.

Cette critique de la loi de 1844 sur la chasse a du reste déjà été faite par M. Persil, qui s'exprimait ainsi devant la Chambre des Pairs :

« Comment admettre que le juge auquel un délit de chasse présentera des circonstances atténuantes, soit obligé de prononcer le minimum de la peine. Le minimum de la peine est encore considérable. Je ne le trouve pas trop élevé quand le délit est réel et qu'il

(1) Chambre des députés, 6 mars 1829.
(2) C'est pour ce motif que nous serions même partisan de l'admission des circonstances très atténuantes.

n'est pas accompagné de circonstances atténuantes. Moi-même j'ai demandé que la peine fût portée quelquefois à un maximun plus fort, mais aussi, par la même raison, je demande que lorsque le tribunal reconnaîtra des circonstances atténuantes, il puisse réduire l'amende à un franc, comme la loi l'autorise. »

Nous sommes complètement de cet avis. Notre opinion est conforme aux tendances philantropiques actuelles, tendances que nous partageons, pourvu toutefois qu'on ne tombe pas dans une exagération regrettable et même dangereuse.

Disons donc en terminant qu'il serait désirable que les magistrats pussent, en toute matière, faire l'application de l'article 463 du Code pénal (1).

Cet exposé terminé, arrivons aux deux questions qui font l'objet de cette étude, nous voulons parler des droits d'usage en bois de chauffage et de l'affouage communal. La première partie de notre travail sera consacrée aux droits d'usage en bois de chauffage. Nous nous occuperons dans la seconde partie de l'affouage communal.

(1) M. Meynieux, avocat général à la cour de Montpellier (que nous avons déjà cité), se montre, comme nous, partisan de l'admission des circonstances atténuantes. « Pour qu'une peine soit exemplaire, dit-il, il ne suffit pas qu'elle soit sévère, même inexorable, il faut que, juste dans son principe, elle soit juste aussi dans son application. Le châtiment excessif peut jeter l'effroi dans les cœurs pusillanimes, le ressentiment, la colère, la haine, dans les autres. Or, pour que le châtiment soit conforme aux lois de l'éternelle justice, il faut donner à la conscience du juge une certaine liberté d'appréciation. Les circonstances du crime ou du délit varient à l'infini, il faut aussi que la peine puisse varier avec la gravité des faits, avec la responsabilité de l'auteur. » (Discours prononcé le 17 octobre 1898, à l'audience de rentrée de la cour de Montpellier.)

PREMIÈRE PARTIE

CHAPITRE PREMIER

Droits d'usage en bois de chauffage

Le droit d'usage en bois de chauffage, est un des plus importants droits d'usage dans les forêts. Ces droits sont d'ailleurs assez nombreux ; on distingue les grands et les petits usages. Dans la première classe on range : 1° Le droit, dit improprement d'affouage (1), consistant dans le droit de prendre le bois nécessaire au chauffage ; 2° Le maronnage, ou droit de se faire délivrer les arbres nécessaires pour la réparation et la construction des bâtiments. Ce droit est appelé marnage, en Alsace; 3° le pâturage et la glandée. On entend par pâturage un droit d'usage pour la nourriture des bestiaux. Quand il s'agit des porcs, ce droit est appelé glandée, panage ou paisson. La glandée est le panage dans les forêts exclusivement composées de chênes. Quand, au contraire, la forêt est peuplée de hêtres, ou que le droit est limité à la perception des faînes, c'est la faînée.

Les petits usages consistent à pouvoir enlever les bois morts et les branches sèches ou à prendre des branches

---

(1) On emploie aussi quelquefois, dit Larzillière, le mot affouage pour désigner les droits d'usage que certaines communes possèdent dans les bois d'autrui, mais c'est le détourner de son sens légal. LARZILLIÈRE, *Administration et jouissance des forêts communales*, p. 148.

pour faire des clôtures et ramer les légumes. (C'est le ramage.)

Nous nous proposons, dans la première partie de notre étude, de nous occuper des droits d'usage en bois de chauffage, laissant de côté les autres droits d'usage. Si nous parlons de ces autres droits, ce sera d'une manière très succincte, et plutôt au point de vue des règles générales qui régissent cette matière.

L'origine de tous ces droits d'usage se perd dans la nuit des temps. Ils sont simplement énumérés par la loi romaine qui les range parmi les servitudes. Il est donc probable qu'ils ont été rarement établis par elle. On cite une loi des Décemvirs traitant de *arboribus, de glande* et *pecorum pastu.*

Si nous nous reportons aux lois des Bourguignons, nous voyons que chez eux les produits secondaires des bois étaient considérés comme faisant partie du domaine public.

Voici, en effet, ce que nous lisons dans une de ces lois :

« *Si quis Burgundio aut romanus sylvam non habeat, incidendi ligna ad usus suos, de jacentivis et sine fructu arboribus in cujuslibet sylva habeat liberam potestatem neque ab illo, cujus sylva est, reppellatur* (1). »

On ne pouvait, d'ailleurs, disposer que du bois mort gisant ou du mort-bois.

Du temps de Charlemagne, les forêts étaient si nombreuses et si riches que les propriétaires ne s'inquiétaient pas des enlèvements de bois par les riverains.

Les seigneurs cherchaient aussi à retenir les populations autour de leurs manoirs féodaux. Dans ce but, ils permettaient aux populations rurales de prendre certains produits forestiers, ce droit résultait ou de la

(1) *Lex Burgundium*, § 28, titre I.

possession ou des titres et chartes qu'ils accordaient aux usagers.

« De grande ancienneté, dit Coquille, les seigneurs voyant leurs territoires déserts ou mal habités, concédèrent les usages à ceux qui viendraient habiter, pour y semondre, et à ceux qui y étaient, pour les conserver et retinrent quelque légère prestation plutôt en reconnaissance de supériorité qu'en profit pécuniaire (1). » Les évêchés et les abbayes possédaient également d'immenses forêts. Les titulaires de ces titres et dignités firent aussi de nombreuses concessions de droits d'usage, afin d'attirer des vassaux sur leurs terres.

« Jusqu'au xiiie siècle, tous les bois, autres que ceux du domaine royal, restèrent entre les mains des seigneurs ou des établissements ecclésiastiques qui avaient pareillement opéré de nombreux défrichements et puissamment contribué aux progrès de l'agriculture. Les forêts ne commencèrent à sortir des mains des seigneurs ou des corporations religieuses que par l'affranchissement qui fut presque toujours l'origine et le principe de la propriété communale (2). »

Les rois n'étant qu'usufruitiers des biens de la couronne, ne pouvaient en principe les grever d'aucune servitude. Cependant ils permirent aux usagers de prendre dans les forêts royales certains produits. Ces droits étaient également basés sur la possession ou sur les chartes octroyées par les rois aux usagers. Un édit de Moulins (1566) valida toutes ces concessions.

L'ordonnance de 1669, dont nous avons parlé dans notre introduction, établit dans les forêts domaniales, une grande distinction entre ceux qui ont un droit d'usage en bois de chauffage et les autres usagers. Cette distinction s'applique au présent et à l'avenir.

(1) Coquille, *Questions et Répertoire*, n° 303.
(2) Meaume, *Commentaire, Code forestier*, n° 291.

Nous lisons dans l'article premier de l'ordonnance :

« Permettons aux communautés, habitants, particuliers, usagers dénommés en l'état arrêté dans notre conseil, d'exercer leurs droits de panage et de pâturage pour leurs porcs et bêtes aumailles dans toutes nos forêts, bois et buissons, aux lieux qui auront été déclarés défensables par les grands-maîtres faisant leurs visites, ou sur les avis des officiers des maîtrises, et dans toutes les landes et bruyères dépendantes de nos domaines. »

Et dans l'article premier du titre XX.

« Révoquons et supprimons tous et chacun des droits de chauffage dont nos forêts sont à présent chargées, de quelque nature et conditions qu'ils soient. »

La différence établie entre les droits de chauffage et les autres usages est trop clairement établie pour qu'il soit utile d'insister.

Une exception à cette règle a été cependant indiquée dans l'article 5, en faveur des églises, chapitres, abbayes et monastères.

« A l'égard des chauffages donnés et accordés par nous, nos prédécesseurs fondateurs et bienfaiteurs pour cause de fondations et dotations faites aux églises, chapitres, abbayes, monastères, hôpitaux, maladreries et autres communautés ecclésiastiques séculières et régulières, voulons qu'ils leur soient conservés en espèces, suivant les états qui en ont été ou seront ci-après arrêtés en notre conseil, eu égard à la possibilité des forêts, et où elles se trouveraient dégradées et ruinées, la valeur en sera liquidée en notre Conseil... pour être payée en argent par chacun an, sur le prix des ventes, sans diminution, ni retranchement. »

L'article 6 mérite d'être également cité :

« Les religieux, hôpitaux et communautés qui ont chauffage par aumône de nous ou de nos prédécesseurs, n'en auront à l'avenir aucune délivrance en espèce, mais seulement en deniers dont le fonds sera fait dans nos états, au chapitre des fiefs et aumônes. »

Notons enfin l'article 10, supprimant d'une manière absolue toute concession de bois d'usage à bâtir et réparer, et l'article 11 du même titre, déclarant qu'aucun don, ou attribution de chauffage ne sera fait à l'avenir, pour quelque cause que ce soit, et ajoutant : « si par importunité. ou autrement, aucunes lettres ou brevets en avaient été accordés et expédiés, défendons à nos cours de Parlement, chambres des comptes, grands-maîtres et officiers d'y avoir égard ».

Il résulte bien clairement de ces textes, que les droits d'usage de cette nature sont complètement supprimés dans l'avenir.

En 1789, les biens ecclésiastiques devinrent biens nationaux et furent soumis au régime forestier. Le domaine national avait à cette époque absorbé une grande partie de la propriété forestière. Il se composait des anciennes forêts royales, de celles qui avaient appartenu aux établissements ecclésiastiques, des forêts des émigrés qui avaient été confisquées. Une loi du 5 décembre 1814 restitua leurs biens à ces derniers.

Bien des abus se produisirent pendant la période de la Révolution. Les forêts furent dévastées. Pour porter remède à ce mal, un arrêté du 25 ventôse an VI, réglementa le droit de pâturage. Une loi du 28 ventôse an XI étendit cette prescription à tous les usages, quelle que fût la nature de l'usage.

Les usagers devaient produire leurs titres dans un délai de six mois, sous peine d'être considérés comme délinquants. Une loi du 14 ventôse an XII, prorogea ce délai de six mois, à partir de la promulgation de la loi. Si les titres des usagers n'étaient pas déposés dans ce délai au secrétariat des préfectures, la déchéance était irrévocable.

Par quelle autorité cette déchéance devait-elle être prononcée? Par les tribunaux civils. Les tribunaux administratifs, dit Meaume, étaient incompétents, pour prononcer la déchéance. Il s'agissait de statuer sur une question de propriété, dont la connaissance est exclusivement réservée aux tribunaux civils. On pensa cependant que les conseils de préfecture étaient compétents pour prononcer la déchéance des usagers.

Les conseils de préfecture prétendirent même qu'ils pouvaient connaître des questions de propriété, et d'interprétation soulevée par le dépôt des titres (1).

Par une lettre du 30 messidor, an XII, le ministre de la justice déclara qu'en règle générale, le droit de prononcer sur les titres des usagers appartient à l'autorité judiciaire, mais que cependant les tribunaux administratifs auraient également le droit de statuer sur ces questions, après s'être éclairés par des enquêtes.

Le Conseil d'État condamna cette doctrine.

« Considérant, dit-il, que la loi du 28 ventôse an XI, ainsi que l'arrêté du 5 vendémiaire an VI, soumettent bien les usagers à justifier de leurs titres ou actes possessoires, c'est-à-dire de les produire devant l'autorité administrative, mais que si ces titres sont contestés, c'est aux tribunaux seuls à prononcer sur leur validité, la contestation dans ce cas présentant véritablement une question de propriété. »

Certains conseils de préfecture persistèrent pendant plusieurs années dans leur prétentions de statuer sur les questions de propriété. D'autres se contentèrent de donner acte du dépôt.

Les arrêts des conseils de préfecture, même approuvés par le ministre ne sont que de simples avis. Ils ne doivent pas faire obstacle à ce que la contestation sur le fait du droit d'usage, et à plus forte raison sur le

____

(1) MEAUME. *Commentaire, Code forestier*, n° 303.

droit de propriété, soit portée devant les tribunaux civils. Tel est le sens de l'ordonnance du 30 novembre 1825.

C'est dans ce même sens que s'est prononcée la Cour de cassation dans un arrêt du 6 février 1838, où nous lisons :

« Attendu que, par leur nature et leur objet, les arrêtés des conseils de préfecture, qui ont maintenu les communes dans les droits d'usage sur les forêts de l'État, n'ont jamais été considérés que comme des certificats de la production utile de leurs titres et comme de simples règlements d'administration intérieure, servant à la constatation des usages dans les bois de l'État, que ces arrêtés, loin d'avoir le caractère de décision, ont toujours été assimilés à de simples avis soumis à l'approbation du ministre des finances, et n'ont jamais fait obstacle à ce que la contestation sur le fond du droit d'usage, et encore moins, comme dans l'espèce, sur le droit de propriété, fût portée devant les tribunaux (1). »

Cette doctrine nous paraît absolument sure, et doit être suivie.

Les droits d'usage, en bois de chauffage ou de construction, établis à une époque où les forêts occupaient une grande partie du sol, et ensuite dans le but d'attirer les vassaux sur les terres seigneuriales ou sur celles de l'Église et de les y fixer, ne laissaient pas d'être onéreux pour les propriétaires. Aussi avons-nous vu que toute concession de cette nature était prohibée dans l'avenir, dans les bois domaniaux. Maintenant cette défense est bien plus absolue encore. Elle s'étend à tous les droits d'usage (2).

(1) La même doctrine est soutenue dans un arrêt du 27 février 1838.
(2) *Code forestier*, art. 62.

CHAPITRE II

Différentes classes d'usagers

Examinons maintenant quelles sont les différentes classes d'usagers :

Les usagers se divisent en trois classes (art. 61, C. forestier) (1) :

1. Ceux dont, au jour de la promulgation de la loi, les droits ont été reconnus fondés soit par des actes du gouvernement, soit par des jugements ou arrêts définitifs ;

2) Ceux dont les droits ont été reconnus tels par suite d'instances administratives ou judiciaires alors engagées ;

3) Ceux qui, étant à ce moment en jouissance sans pouvoir se prévaloir ni de titres reconnus, ni d'instances engagées devant les tribunaux, étaient tenus d'intenter leur action en maintenue dans les deux ans qui ont suivi la promulgation de la loi du 31 juillet 1827. (Code forestier.) et ont fait ce qui leur était prescrit,

Les usagers de la première classe sont ceux dont les immeubles, auxquels sont attachés les droits d'usage, ont été désignés dans les états arrêtés au conseil en exécution de l'ordonnance de 1669, ceux dont les droits ont été reconnus, soit par des décisions particulières de l'ancien conseil, soit par des jugements et arrêts émanés de l'autorité judiciaire, enfin ceux qui ont obtenu depuis les lois de ventôse an XI et an XII, des actes du gouvernement récognitifs de leurs droits.

(1) Cet article n'est pas applicable aux bois des communes et des établissements publics, ou aux bois des particuliers. (Art. 112 et 120, *Code forestier*).

Meaume fait remarquer que les usagers de la première classe, ne jouissent plus aujourd'hui en vertu de leurs titres primordiaux, mais seulement en vertu de titres récognitifs dont ils ont dû être pourvus conformément à l'ordonnance de 1669 et autres lois postérieures (1).

Les usagers de la seconde classe, avons-nous dit, sont ceux dont les droits ont été reconnus par suite d'instances administratives ou judiciaires engagées au jour de la promulgation de la loi.

Remarquons qu'il faut que leur action ait été intentée antérieurement au Code forestier et que le jugement n'ait pas acquis force de chose jugée au moment de la promulgation dudit Code forestier.

C'est ce qu'a décidé la cour de Bourges par arrêt du 26 janvier 1829. (*J. Palais*, t. 22, p. 604.)

Que veulent dire ces expressions : instances administratives ?

D'après Curasson ce serait fort simple.

« En matière d'usage, dit-il, l'incompétence de l'administration est avérée, les auteurs du Code n'ont donc pas voulu attribuer à l'administration la connaissance d'aucune des contestations de cette nature. Que signifient donc ces mots : instances administratives. La loi du 5 novembre 1790 exige que toutes les actions qui concernent le domaine soient précédées d'un mémoire au préfet, ce préliminaire a pour but de faire connaître à l'administration les moyens qui lui sont opposés afin de ne pas engager le gouvernement dans une mauvaise difficulté ou d'accéder à la demande s'il la croit fondée. Dans ce cas il n'y a plus de procès, tout se termine par voie administrative. C'est là ce qu'a voulu dire cet article en parlant de droits reconnus par suite d'instances administratives. »

(1) MEAUME, *Commentaire, Code forestier*, n° 308.

Telle n'est pas du tout l'interprétation que la Cour de cassation donne de ces mots instances administratives.

Voici, en effet, ce que nous lisons dans un arrêt du 25 avril 1843.

« Attendu que les mots instance administrative employés dans l'article 61, Code forestier, entendus d'après l'objet que le législateur avait en vue, désignent les réclamations ou demandes qui, à la suite des lois des 28 ventôse an XI et 14 ventôse an XII, avaient été formées par devant les autorités administratives compétentes, attendu que lorsque les réclamations avaient été reconnues fondées par les autorités administratives, l'exercice des droits des usagers était assuré, que c'était seulement pour le cas ou cette reconnaissance aurait été refusée par les autorités administratives, que, s'agissant alors de la question de propriété, l'action devait être portée devant les tribunaux, seuls compétents pour statuer sur ce qui se rapporte au droit de propriété (1). »

Cette interprétation nous paraît la meilleure.

La 3ᵉ classe des usagers comprend ceux qui étaient restés en jouissance malgré le défaut de production de titres et auxquels le Code forestier ayant imparti un délai de deux ans pour intenter leur demande devant les tribunaux, se sont soumis aux prescriptions de la loi. Cette faculté n'appartenait qu'à ceux qui étaient restés en jouissance tout en n'ayant pas produit leurs titres. Il n'était pas nécessaire, du reste, que l'usager eût exercé un acte réel de jouissance au moment de la promulgation du Code forestier.

____

(1) Cassation, audience solennelle, 25 avril 1843.

CHAPITRE III

Nature des droits d'usage

Les droits d'usage dans les forêts sont des servitudes réelles. Définissons nettement les droits de cette nature, notamment en ce qui concerne le droit d'usage en bois de chauffage qui, comme nous l'avons déjà dit, est l'objet spécial de cette étude.

Ces droits appartiennent, la plupart du temps, non pas à des individus isolés, mais plutôt à des communautés d'habitants. Dans ce cas, qui est le plus fréquent, les droits d'usage sont attachés au territoire même. S'ils sont attribués à des groupes de maisons, celles-ci sont toujours des maisons voisines des forêts et pouvant facilement utiliser leurs droits. En pareille circonstance, le droit d'usage est attaché à l'immeuble même. Celui-ci est donc le fonds dominant, ce qui permet de qualifier justement le droit d'usage, de servitude réelle, donnant à celui qui l'exerce, le droit d'exiger pour ses besoins certains produits de la forêt. Il profite au possesseur du fonds, quel qu'il soit, on a même pu parler, en ce sens, de maisons usagères. C'est, en effet, la maison qui transmet son droit à ceux qui l'habitent successivement. Il ne faudrait pas, toutefois, en conclure, comme certains auteurs, qu'il y a là un droit foncier, un droit de propriété partielle, autre qu'une servitude. La distinction est importante, puisque le droit de propriété ne se perd pas par le non-usage, tandis que la servitude dont il est question, s'éteindra, comme les autres, par l'inaction du détenteur de la maison pendant 30 ans. Ce caractère de servitude réelle est d'ailleurs dans la tradition des législations précédentes. En droit romain, Paul approuvait l'opinion de Marcian, à cet égard :

Item longe recedit ab usufructu, jus sylvæ cæduæ. ... Non est dubitandum; quin servitutis sit (1).

La plupart des auteurs ont reconnu le caractère de servitude aux droits d'usage (2).

Nous lisons dans le commentaire de Legrand sur l'article 68 de la coutume de Troyes :

« La servitude de faire paître son bétail au fonds d'autrui est réelle et attachée au fonds et non à la personne, et pareillement le droit d'usage au bois, concédé à cause des maisons est réel, et la servitude ne peut être vendue sans la maison et l'héritage à cause desquels la servitude est due. »

Merlin nous dit de son côté que les droits d'usage dans une forêt constituent une véritable servitude. Il y a servitude sur une forêt comme sur un champ, par cela seul que la forêt est grevée au profit d'un héritage voisin. Tel est précisément le caractère des droits d'usage qui s'exercent dans les forêts. Ces droits forment donc de véritables servitudes. Depuis le Code forestier, même unanimité pour reconnaître le caractère de servitude réelle aux droits d'usage (3).

Si nous voulons déterminer complètement le caractère de la servitude, nous ajouterons d'abord qu'elle est discontinue, puisqu'elle ne peut s'exercer que par le fait de l'homme. Il est admis également sans contestation qu'elle est non-apparente. Ce caractère est surtout sensible dans le droit d'usage en bois de chauffage.

(1) Livre VIII, titre III. Loi 6 § Ier. PAUL. *Dig. de servitutibus prædiorum rusticorum.*

(2) SALVAING, COEPOLA, COQUILLE, BOUHIER, FRÉMINVILLE, *Pratique universelle des Terriers,* HENRION DE PANSEY, *Dissertations féodales.*

(3) COIN-DELISLE et FRÉDERICH, BAUDRILLART, CURASSON. Cour de cassation, 23 mai 1832, 3 avril 1833, 11 juin 1834, 2 mars 1836, 21 et 30 juillet 1838, 6 janvier 1839, 15 avril 1840, et plusieurs cours d'appel.

Nous ne voyons pas en effet comment elle pourrait se manifester par un signe apparent en pareille matière.

L'affouagiste étant un usager doit contribuer, conformément à l'article 635, Code civil, aux frais de garde, car c'est une charge des fruits et non du fonds. Il y contribue à proportion de ce qu'il y prend, sauf stipulation contraire, cette charge étant de la nature du contrat et non de son essence.

Le non-usage pendant trente ans éteint le droit de l'affouagiste, comme de tout usager. C'est une application de l'article 706, Code civil.

Le changement de destination de la forêt peut-il mettre fin aux droits d'usage? Non, si le changement provient du fait du propriétaire. Oui, si c'est au contraire le résultat de circonstances indépendantes de sa volonté. Le propriétaire ne peut par son fait anéantir les droits de l'usager. Ainsi, ce dernier ne pourrait pas défricher les bois ou les convertir en étang, sans le consentement de l'usager. Un bouleversement du sol, un incendie ou une inondation pourrait, au contraire, y mettre fin. N'oublions pas que, si le terrain reprenait sa destination première et redevenait une forêt avant trente ans de non-usage, l'usager reprendrait l'exercice de son droit.

Si l'usager a donné son consentement formel, il semble avoir renoncé à son droit, et ne peut réclamer une indemnité par là même qu'il n'a fait aucune réserve en donnant son consentement. *Quid* si l'usager laisse détruire la forêt, sans faire d'opposition, abstention qu'on serait en droit de qualifier de renonciation tacite à son droit? Nous pensons qu'il aurait droit à une indemnité pour privation de jouissance. Il y aurait, toutefois, une question d'appréciation à faire par le tribunal. Celui-ci pourrait, selon les circonstances, admettre ou non que le silence de l'usager entraîne une renonciation de sa part à réclamer une indemnité.

L'abus de jouissance serait-il de nature à entraîner contre lui une déchéance semblable à celle que le tribunal pourrait infliger à l'usufruitier en pareil cas? L'article 625 du Code civil le ferait croire puisqu'il déclare que les droits d'usage se perdent de la même manière que l'usufruit. Nous ne pensons pas, cependant, que l'analogie existe dans le cas qui nous occupe, car l'article 636 du Code civil renvoie, pour l'usage des bois et forêts, aux lois particulières ; or, dans le Code forestier, de nombreux articles (1) prévoient des abus de jouissance dont les usagers ont pu se rendre coupables, et édictent des peines proportionnées à la gravité du délit. Nous croyons, en conséquence, que l'abus de jouissance étant puni d'une façon spéciale, ne peut donner lieu à faire prononcer la déchéance de l'usager.

(1) Articles 70, 72, 78, 79, 80, 81 et 83, *Code forestier*.

CHAPITRE IV

Étendue de l'usage

Nous allons étudier successivement l'étendue de l'usage : 1° d'après la nature du droit ; 2° d'après l'espèce et la quantité des produits qui en sont l'objet ; 3° d'après le nombre des parties prenantes ; 4° d'après le titre constitutif.

Nous verrons ensuite par quel moyen l'État et les propriétaires peuvent affranchir une grande partie de leurs bois d'une charge aussi onéreuse.

SECTION I

Etendue de l'usage d'après la nature du droit.

Les droits d'usage dans les forêts qui consistent dans le droit de prendre une partie de leurs produits et à en jouir sont une lourde charge pour la propriété et une atteinte sérieuse portée aux droits des propriétaires. Aussi importe-t-il de bien limiter les droits des usagers. Cette limite qu'ils ne doivent pas franchir est l'état et la possibilité des forêts.

Que signifient ces mots ?

On entend par l'état des bois, leur âge et leur consistance, et par la possibilité, la quantité de produits qu'on peut en retirer chaque année, sans nuire à la production pour l'avenir.

Ce principe de protection des forêts est établi depuis

4

les temps les plus anciens. Il a pour but de conserver les propriétés publiques et privées et prend sa source dans la loi romaine :

« *Servitus indefinite concessa ita interpretenda est ut fundus serviens minimo quam fieri potest detrimento officiatur.* »

Des ordonnances des rois de la troisième race ont établi que l'exercice de ces droits d'usage ne doit jamais dépasser la possibilité des forêts.

On lit dans une ordonnance de 1583 :

« Et parce que nosdites forêts sont venues dans la ruine et le dégât où on les voit, de sorte qu'elles ne peuvent à présent porter chauffages, usages et pâturages... nous voulons qu'il soit informé de la possibilité et impossibilité des forêts, et suivant icelles, lesdits usages dorénavant restreints et réglés par le retard de ceux qui se trouvent bien fondés en droit d'usage, soit pour chauffer, bâtir, réparer, pâturer et autres droits, et de ce, fait état et règlement particulier, et le dit règlement suivi et observé. »

Ce principe est consacré par le Code forestier. L'article 65 porte en effet : « Dans toutes les forêts de l'État l'exercice des droits d'usage pourra toujours être réduit par l'administration, suivant l'état et la possibilité des forêts. » La règle qu'on doit suivre est donc celle-ci : satisfaire les besoins de l'usager, suivant l'état et la possibilité des forêts.

C'est ce que dit Meaume : « Quel but s'est-on proposé, dit-il, en constituant une servitude d'usage ? Un seul, celui de remplir les besoins de l'usager : ces besoins satisfaits, le propriétaire de la forêt ne doit rien au-delà. L'usager doit consommer les produits sur place et les employer uniquement à ses besoins. Telle était la règle déjà établie par la loi romaine.

Lignis ad usum quotidianum usurum non usque

ad compendium, sed ad usum scilicet, non usque ad abusum (1).

Ainsi, d'une part, les besoins de l'usager sont la mesure de son droit : d'autre part, la possibilité de la forêt est la mesure de l'obligation du propriétaire. Éva-luer le droit d'après ces deux éléments combinés, voilà toute la règle (2).

Lorsqu'une contestation s'élève entre l'État et un usager, relativement à la possibilité des bois, c'est le conseil de préfecture qui est compétent pour statuer sur cette difficulté.

Cette décision est critiquable, suivant nous. Remarquons d'abord que, pour apprécier utilement la possibilité d'une forêt, il faut bien connaître la situation des lieux et l'importance de cette forêt. Or qui connaît mieux ces choses que les agents forestiers ? Il eût donc été bon de recourir à eux pour trancher cette question en connaissance de cause.

Telle a été d'ailleurs la première pensée du législateur, mais la commission fit observer que l'État ne pouvait juger en pareille matière, sous peine d'être juge et partie dans sa propre cause. Soit, mais le conseil de préfecture ne l'est-il pas également? On décida cependant que les conseils de préfecture seraient compétents et non les tribunaux civils, parce qu'il s'agissait non du fond même du droit, mais du règlement de son exercice.

Ne devrait-on pas plutôt dire que la solution de la question n'appartient pas plus au conseil de préfecture qu'à l'administration elle-même. Si on a voulu la réserver au conseil de préfecture, c'est sans doute par respect pour la règle qui défend que les actes administratifs soient déférés à l'autorité judiciaire.

(1) *Dig. de usu et habit.*, livre VII, titre VIII. Loi XII, ULPIEN.

(2) MEAUME. *Commentaire, Code forestier*, n° 460.

Ne serait-il pas plus vrai de dire qu'il s'agit ici de déterminer la quantité de produit au delà de laquelle le droit d'usage ne pourra plus s'exercer, et n'est-ce pas là une question de fonds et non une question administrative relevant d'un tribunal administratif?

Du moment que le droit d'usage est un droit réel touchant au fonds, la délimitation de la mesure dans laquelle il s'exercera, est une question de fonds et de droit réel devant appartenir aux tribunaux judiciaires. Il serait d'ailleurs convenable et naturel que les tribunaux ne rendissent leur décision que sur l'avis de l'administration forestière.

Remarquons enfin que, le conseil de préfecture étant composé d'administrateurs et les appels étant portés devant le Conseil d'État, l'administration, en somme, est juge et partie dans sa propre cause, ainsi que nous venons de le dire. Elle le sera, il est vrai, de plus loin que ne le serait l'administration forestière, mais ce sera tout; ajoutons que les tribunaux civils ont justement pour mission de tenir la balance égale entre l'administration et les particuliers qui, sans cela, se trouveraient sans défense.

L'inconvénient qu'on avait signalé n'a donc pas été évité. Il l'aurait été si les tribunaux civils avaient eu le droit de juger en pareille cause. Toutefois, le texte de l'article 65 étant formel doit être appliqué.

S'il s'agissait d'apprécier les titres ou les besoins des usagers, les conseils de préfecture ne seraient bien entendu pas compétents, ce seraient les tribunaux civils.

Telle est l'opinion de Meaume, que nous partageons, « Toutes les fois, dit-il, que la quotité des délivrances sera litigieuse, soit que le débat porte sur l'interprétation du titre, soit qu'il s'agisse d'apprécier l'étendue du droit, d'après sa nature, ou d'après ses produits, ou d'après le nombre des parties prenantes, l'examen de toutes ces questions doit être renvoyé aux tribunaux ordinaires (1).»

Nous avons vu que les droits des usagers étaient limités par l'état et la possibilité des forêts. Il faut, de plus, que les usagers aient obtenu l'autorisation des propriétaires avant de pouvoir entrer en jouissance. Cette autorisation s'appelle délivrance. Elle peut être tacite, si les propriétaires y consentent, mais ce n'est qu'une simple tolérance de leur part, qu'ils peuvent faire cesser quand ils le veulent, ayant toujours le droit d'exiger une délivrance écrite.

La délivrance prend le nom de défensabilité, lorsqu'il s'agit d'un droit de pâturage. Que signifie ce mot? Que les bois dans lesquels les bestiaux ont la permission d'entrer, sont assez âgés pour se défendre contre leurs dents et leurs pieds.

Cela nous amène à dire un mot de ces différents droits d'usage, bien que notre travail soit exclusivement consacré aux droits d'usage en bois de chauffage, et à l'affouage communal.

L'administration forestière fixe, d'après les droits des usagers, le nombre des porcs pouvant être admis au panage et des bestiaux qu'on peut faire pâturer. Elle indique les cantons défensables.

Le Code forestier défend aux usagers de faire pâturer les bestiaux dont ils font le commerce. Ce droit est exclusivement réservé à ceux qui servent à leur usage particulier, et c'est parfaitement juste, le fonds grevé ne devant servir qu'à l'usager et à sa famille. Les agents forestiers doivent indiquer le chemin par lequel les bestiaux sont tenus de passer pour se rendre au pâturage ou au panage.

____

(1) MEAUME, *Commentaire. Code forestier*, n° 542, sauf, ajoute le même auteur, après la décision des juges civils, à faire déclarer par les tribunaux administratifs si l'étendue de l'usage concorde avec la possibilité de la forêt.

Dans les bois des particuliers, c'est le propriétaire qui désigne ce chemin.

Un ou plusieurs pâtres, choisis par l'autorité munipale, conduisent les troupeaux de chaque commune ou section de commune. Les porcs et les bestiaux sont marqués d'une manière spéciale d'après la commune à laquelle ils appartiennent (1). Il est défendu, sous peine d'amende, de laisser passer les bestiaux hors des chemins désignés, et paître hors des cantons défensables (2).

L'administration limite le nombre des bestiaux ayant droit de pâturage, ou des porcs admis au panage.

Chaque animal conduit au pâturage doit avoir une clochette au cou. Aux termes de l'article 78, il est défendu d'introduire dans les forêts des animaux broutants. Les chèvres en sont exclues, et les moutons ne peuvent y entrer qu'en vertu d'actes du pouvoir exécutif, spéciaux à chaque localité. Mais n'insistons pas davantage sur ces différents droits d'usage tels que nous les fait connaître le Code forestier, et revenons à notre sujet (3).

SECTION II

Étendue de l'usage d'après l'espèce et la quantité des produits qui en sont l'objet.

Les produits des forêts sont de différentes natures, ainsi que nous l'avons dit. Nous ne nous occupons ici

(1) Quand il s'agit de bois communaux, les habitants ne sont pas soumis à la marque des bestiaux et des porcs, pour le pacage et le panage dans les bois de leur commune.

(2) Malgré la défense de l'administration, les terrains situés dans les montagnes sont souvent ravagés par les bestiaux, notamment dans les Pyrénées et les Alpes. Ces abus tendent du reste à diminuer, grâce à la vigilance de l'administration forestière.

(3) Il existe encore quelques autres droits d'usage tels que celui d'extraire la pierre meulière, le sable, l'argile, le gazon, de couper les bruyères et les genêts.

que du bois de chauffage. Le droit d'usage en bois de chauffage consiste dans le droit de prendre ce qui est nécessaire au chauffage.

L'usager, comme tout autre, doit jouir en bon père de famille. (Art. 627, Code civil.) Il est donc tenu de prendre d'abord les bois dont le débit est difficile, afin de ne pas nuire aux intérêts du propriétaire. « La jouissance de l'usager, dit Meaume, doit être combinée de telle sorte que, sans préjudicier à l'exercice de son droit, et tout en pourvoyant suffisamment à ses besoins, elle soit le moins dommageable possible pour le propriétaire de la forêt (1). »

L'usager doit donc prendre d'abord le bois mort et le mort-bois. Quand les essences secondaires sont épuisées, il peut demander du bois dur. Nous ne voulons parler que du taillis. Quant à la futaie, il ne pourrait réclamer que les parties des arbres morts sur pied, absolument impropres au chauffage, et dont il serait impossible de tirer parti pour un autre usage.

Cette règle n'est applicable, bien entendu, qu'à défaut de titre établissant les droits des parties. C'est ce que déclare formellement l'article 628 du Code civil. La convention fait la loi des parties et fixe l'étendue de leurs droits.

Les essences forestières se distinguent en bois dur, bois blanc ou tendre, et en mort-bois. On range parmi les bois durs, le chêne, l'orme, le frêne, le hêtre et le charme ; parmi les bois blancs, le châtaignier, le tilleul, le bouleau, le peuplier, les pins et les sapins. Quant aux morts-bois, nous en indiquerons un peu plus loin la nomenclature.

Donnons maintenant la définition du bois mort. Suivant la coutume du Nivernais, on entend par bois mort celui qui est réellement mort, sec, en cime et

____

(1) MEAUME, *Commentaire, Code forestier*, n° 463.

racine, sur pied ou gisant, tombé et rampant par terre, impropre à tout autre usage que le chauffage.

Il y a deux espèces de bois mort : 1° le bois mort en *estant* (celui qui, tout en ayant perdu toute force végétative, est encore sur pied) ; 2° le bois mort en *gisant* (celui qui est détaché du sol et est gisant à terre).

L'usager au bois mort ne peut prendre que le bois tout à fait sec. Le droit de l'usager qui ne peut prendre que le bois mort en *gisant* est moins étendu que celui de l'usager pouvant prendre le bois mort en *estant*.

Suivant Fréminville, celui qui n'a que le droit de prendre du bois pour son chauffage n'a que le pouvoir de prendre du bois mort ou du mort-bois. C'est aussi l'opinion de Bannelier, d'après Coquille, Loisel et Taisand. Ce principe, dit Meaume, est très rigoureux et doit être tempéré par l'application de l'article 18, titre XV de la Coutume de Lorraine, portant « que les délivrances doivent être réglées de telle sorte que l'usager usera de bois mort ou mort-bois avant tous les autres » (1).

Cette définition trouve son application aujourd'hui, ainsi que nous l'avons établi :

« Lorsqu'il s'agit d'évaluer un droit de chauffage, dit Meaume, dans le cas où les essences à délivrer ne sont pas déterminées par le titre, on doit d'abord servir l'usager au moyen des produits les moins utiles pour le propriétaire, tels que le bois mort et le mort-bois, et les bois durs doivent entrer dans la délivrance, dans le cas seulement où les essences moins précieuses manqueraient absolument (2) ».

Il ne faut pas confondre le bois mort avec le bois dépérissant. Si l'arbre a encore quelque force végétative, il appartient au propriétaire. Il ne faudrait pas,

(1) MEAUME, *Commentaire, Code forestier*, n° 463.
(2) MEAUME, *Commentaire, Code forestier*, n° 463.

toutefois, que le propriétaire, en coupant tous les arbres, empêchât les arbres dépérissants de devenir du bois mort. L'usager, en pareil cas, perdrait tout ses droits et serait autorisé à réclamer des dommages-intérêts. Cette règle s'applique tout au moins aux taillis. Quant aux futaies, il y aurait une distinction à faire. Nous savons, en effet, que les bois de cette nature, même desséchés, ne sauraient appartenir aux usagers que lorsqu'ils sont impropres à tout autre usage que le chauffage (1).

Celui qui a droit au bois mort peut-il prendre les souches? Non, pour l'usager qui n'a droit qu'au bois mort en *gisant. Quid,* en ce qui concerne l'usager en bois mort en *estant ?*

Il faut distinguer. Si la souche peut produire de nouveaux arbres, l'usager ne peut l'enlever. Si elle ne peut plus en produire (comme celle des arbres résineux), elle appartient à l'usager.

Ajoutons en finissant que ce n'est pas sans motif que les usagers en bois morts sont tenus de ne prendre que les arbres impropres à un autre service que le chauffage, c'est le plus sûr moyen de prévenir des abus préjudiciables aux forêts.

L'application rigoureuse de ce principe, dit Meaume, permet de prévenir les abus nombreux qui contribuent à dévaster les forêts grevées d'usage en bois mort, et qui consistent à charmer des arbres parfaitement sains pour se les approprier ensuite comme bois morts (2).

---

(1) Meaume est de cet avis : « On ne doit à l'usager, dit-il, que les parties des arbres de futaie, morts sur pied, qui ne sont absolument propres qu'au chauffage, et dont il serait impossible de tirer parti pour un autre usage.» *Commentaire, Code forestier,* n° 466. — D'après Proudhon, l'usager aurait le droit de faire abattre les arbres de futaie séchés, afin d'en vérifier l'état intérieur et de s'assurer s'ils peuvent lui appartenir en totalité, comme n'étant propres qu'à brûler ». *Traité des droits d'usage.* nᵒˢ 124 et 125.

(2) Meaume. *Commentaire, Code forestier,* n° 467.

Le bois charmé, dit Fréminville, est un arbre que des bergers, usagers ou autres, font mourir par malice, afin de les pouvoir couper ensuite pour leur usage, *lignum fascinatum.*

Que doit-t-on entendre par mort-bois ? Toutes les essences secondaires des forêts. Mais quelles sont ces essences ?

Nous pouvons en donner facilement la nomenclature, pour tous les pays régis par l'ordonnance de 1669. Mais pour tous ceux qui n'ont été réunis à la France que postérieurement à cette ordonnance, cette énumération ne paraît pas complètement applicable. Ces pays sont la Franche-Comté, le Roussillon, la Corse, la Savoie, Nice, la Lorraine et l'Alsace. Malheureusement, nous avons perdu la plus grande partie de ces deux derniers pays.

En ce qui concerne la Franche-Comté, nous voyons dans un arrêt de la cour de Besançon du 9 juin 1831 que la liste des arbres composant le mort-bois est toute autre que celle de l'ordonnance de 1669.

« Attendu dit la cour, que les anciennes ordonnances qui formaient le droit commun de notre province, déterminaient les espèces de bois réservées, savoir : le chêne, le poirier, le pommier, le cerisier et le foyard (hêtre), que, dès lors, les usagers avaient droit pour leur chauffage à toutes les autres espèces qui n'étaient pas exceptées, que l'ordonnance de 1669 rendue postérieurement n'a pu changer les effets du titre de 1658, et en restreindre l'application. »

Un pourvoi formé contre cet arrêt a été rejeté par la Cour suprême le 22 novembre 1832.

« Attendu que la Cour royale, en s'attachant au fait reconnu par elle, que le titre de la commune de Burgille, sous la date de 1658, est antérieur à la réunion de la Franche-Comté à la France, a pu refuser, dans ces circonstances, d'appliquer la charte normande, et les ordonnances de 1315 et de 1669, que, pour fixer sur quelles essences la commune de Burgille doit exercer son droit au mort-bois, la cour s'est fondée sur divers textes des ordonnances de la Franche-Comté ..... Rejette. »

D'après la cour de Colmar, le mort-bois se compose des neuf espèces dont parle l'article 5, titre XXIII, de l'ordonnance de 1669 plus le coudre, le fusain, le saugerin, le troène, le houx, le charme buisson, le tremble et le bouleau, comme bois non portant fruits. Telles étaient les différentes espèces qui ont toujours été comprises en Alsace sous le nom de mort-bois.

Dans les pays régis par la coutume de l'évêché de Metz on doit considérer comme mort-bois toute sorte de bois, hormis le chêne et le hêtre. Il existe, on le voit, de notables différences entre ces nomenclatures et celle de l'ordonnance de 1669.

Pour les autres pays nous avons une liste exacte et uniforme de ce qu'on appelle le mort-bois.

Dans une déclaration de 1314, Louis X le Hutin indique les espèces de bois qui composent le mort-bois. Une seconde déclaration du 22 juillet 1315 énumère de nouveau les essences : ce sont les « saulx, marsaulx, épine, puisne, seur, aulne, genest, genièvre et ronches ».

En 1533, François 1er, interprétant cette charte de 1315, dite charte normande, donne la nomenclature suivante : saulx, marsaulx, épine, puisne, seur, aulne, genest, genièvre et ronches.

Enfin l'ordonnance de 1669 désigne les mêmes neuf essences. Cette ordonnance était applicable aux forêts seigneuriales comme aux forêts domaniales.

Voici le texte de l'ordonnance de 1669 : « Les possesseurs des bois sujets à tiers et danger pourront prendre par leurs mains, pour leur usage, du bois des neuf espèces contenues en l'article neuvième de la Charte normande du roy Louis dixième, de l'année

1315, qui sont saulx, marsaulx, épines, puisnes, seurs, aulnes, genest, genèvres et ronces. »

Nous connaissons maintenant l'étendue de l'usage en bois de chauffage, relativement à l'espèce de produits que peut réclamer l'usager. Voyons maintenant quelle est l'étendue de ce droit, d'après la quantité des produits qui en sont l'objet.

En ce qui concerne l'usager, son droit se règle d'après la quantité de bois nécessaire pour sa consommation régulière. Meaume nous cite un exemple à cet égard : « Si la maison, dit-il, à laquelle un droit de chauffage est attaché, comprend quatre cheminées, on doit délivrer la quantité de bois nécessaire pour entretenir un feu suffisant dans ces quatre cheminées, rien de plus, rien de moins (1). »

En ce qui concerne la forêt, elle ne sera tenue de fournir à l'usager le chauffage réclamé par lui, que suivant son état et sa possibilité, ainsi que nous l'avons déjà dit.

Lorsque les usagers n'ont le droit de prendre que le bois mort sec ou gisant, ils ne peuvent se servir de crochets ou ferrements d'aucune espèce, pour exercer ce droit.

Si les bois de chauffage se délivrent par coupe, l'exploitation en est faite aux frais des usagers par un entrepreneur spécial nommé par l'administration forestière. Les usagers ne peuvent ni abattre ni partager sur pied aucun arbre, et les lots ne peuvent être faits qu'après l'exploitation entière de la coupe. Il est interdit aux usagers de vendre ou d'échanger les bois qui leur sont délivrés et de les employer à aucune autre destination que celle pour laquelle le droit d'usage a été accordé. Il leur est enfin interdit également de ramasser

____

(2) MEAUME. *Commentaire, Code forestier,* n° 476.

ou d'emporter des glands, faînes et autres fruits, semences ou productions des forêts (1).

Disons en finissant que les usages en bois se divisent en quatre classes :

1. Usage en bois de chauffage que nous examinons ;
2. Usage en bois de construction ;
3. Usage en bois de travail ou d'ouvrage ;
4. Usage en bois de fente.

Notre étude portant tout particulièrement sur l'usage en bois de chauffage, nous nous contentons d'énumérer les autres.

SECTION III

Étendue de l'usage d'après le nombre des parties prenantes.

Jusqu'à présent nous avons vu que les droits d'usage étaient soumis à une délivrance préalable et que leur étendue dépendait de l'état et de la possibilité des forêts. En ce qui concerne tous les usages autres que ceux en bois, il y a lieu d'ajouter la défensabilité.

Étudions maintenant l'étendue des droits d'usage relativement aux parties prenantes.

Ces droits sont limités au besoin de la partie prenante, qu'il ne faut pas dépasser. Tel est le principe.

(Toutes ces restrictions ne sont applicables, bien entendu, qu'en l'absence d'un titre réglant le droit des parties.)

Examinons plusieurs espèces :

1. Usage établi au profit d'une maison. Il faut rechercher, dans ce cas, quel était l'état de cette maison, au moment de la concession du titre. Le droit en effet a été

______

(1) *Code forestier*, articles 57, 80, 81, 83.

accordé pour cette maison seule, abstraction faite, dit
Meaume, des terres et dépendances qui pourraient y
être attachées. On devra donc considérer quel était le
nombre des cheminées existant au moment de la concession du titre, s'il s'agit de bois de chauffage, et
quelle était l'étendue de la maison, s'il s'agit de maronnage. Il ne serait rien dû pour les cheminées nouvelles
ni pour les agrandissements postérieurs à la concession.

2. Usage concédé à une métairie. — Ici la question
est différente. Au moment de la concession du titre, le
concédant a eu l'intention d'étendre les droits d'usage
aux bâtiments nécessaires à l'exploitation agricole.
S'il s'agit donc d'une métairie, d'un fief, d'une ferme,
il est évident, dit Meaume, que, les bâtiments d'exploitation étant un accessoire obligé de la ferme, le droit
doit s'étendre à tous les bâtiments, même à ceux nou-
vellement construits et nécessaires à l'exploitation
agricole. Il faut, bien entendu, que ces bâtiments soient
utiles à l'exploitation des terres, qui faisaient partie
du domaine rural, à l'époque de la concession de la
servitude ;

3. Usage concédé à une commune.

Il faut d'abord rechercher si le droit est concédé à
une commune ou aux habitants de quelques maisons
éparses jouissant, *ut singuli*, du droit d'usage. Dans
ce derniers cas, on leur appliquerait les règles que
nous venons de poser.

S'il s'agissait, au contraire, d'un droit communal, la
question serait plus délicate. Divers systèmes se sont
produits sur l'influence de l'accroissement de la population relativement à l'étendue du droit d'usage,
lorsqu'il a été concédé à une commune, toujours à
défaut de titre, comme nous l'avons dit.

Trois systèmes sont en présence; ils émanent de
jurisconsultes éminents : Proudhon, Merlin, Troplong.

Examinons successivement ces trois systèmes :

1. Système de Proudhon.

Il faut, d'après ce juriconsulte, distinguer si l'augmentation de la population d'une commune est due à la fertilité du sol ou bien, au contraire, à l'établissement de foires, à la construction de manufactures ou d'usines, etc.

Dans le premier cas, tous les habitants nouveaux ou anciens ont droit de bénéficier de l'usage anciennement accordé ; dans le second cas, on ne doit admettre à l'usage que ceux qui font partie de la population cultivatrice et représentent les colons originaires.

« Une commune, dit Proudhon, a pu devenir plus populeuse par la seule considération de l'étendue de son territoire ou de la fertilité de son sol qui y auront attiré ou fixé un grand nombre de colons. Mais il existe mille autres causes qui peuvent donner lieu aussi à son agrandissement. L'établissement d'une route forestière ou d'un canal de navigation, la fixation d'un chef-lieu de juridiction, l'érection d'une forteresse, l'établissement de diverses foires, la construction d'une grande manufacture ou d'une usine, toutes ces choses peuvent entraîner les mêmes effets sur l'accroissement de la population d'une commune.

« Lorsqu'on ne voit pas que l'accroissement d'une commune soit dû à une autre cause qu'à l'étendue ou au défrichement ou à la fertilité de son territoire, on doit décider que, généralement, tous ses habitants ont droit égal au bénéfice de l'usage anciennement concédé à la communauté dont ils font aujourd'hui partie (1). Mais lorsque l'accroissement, soit du nombre des maisons, soit de celui des habitants d'une commune a une

____

(1) C'est aussi l'opinion de Fréminville.

cause apparente et autre que celle qui peut résulter de l'étendue ou de la fertilité de son territoire, lorsqu'elle a pris son accroissement par suite de quelques-uns des établissements dont nous avons parlé plus haut, ou d'autres établissements semblables, qu'il ne paraît pas que le fondateur ait eu en vue d'attirer.sur les lieux, on doit dire qu'il n'y a parmi les habitants de la commune usagère que ceux qui représentent les colons originaires et qui font partie de la population cultivatrice que le propriétaire de la forêt soit tenu de compter comme parties prenantes dans l'exercice du droit d'usage, parce que ce droit est une servitude réelle qui, n'étant attachée qu'aux fonds et en faveur de leur culture, ne peut être exercée que par ceux qui les détiennent et les cultivent. »

2. Système de Merlin.

Merlin se place à un tout autre point de vue pour trancher cette question. Ce ne sont pas les habitants qu'il faut considérer, mais bien les maisons qui doivent être appelées usagères. C'est à l'époque de la concession qu'il faut se reporter pour en connaître et en fixer le nombre. A moins que la concession ne comprenne les maisons qui seront bâties dans l'avenir comme celles qui existent au moment de la concession, ces dernières doivent seules jouir du droit d'usage.

« Ce n'est qu'improprement, dit ce jurisconsulte, que l'on donne aux habitants qui jouissent de droits d'usage, la dénomination d'usagers, ce sont plutôt leurs maisons qui doivent être qualifiées d'usagères et c'est ainsi, en effet, que les qualifient expressément les articles 5 et 14 du titre XIX de l'ordonnance des eaux et forêts de 1669.

« De là, sans doute, il ne résulte pas nécessairement que les droits d'usage anciennement concédés à une commune doivent être restreints aux habitants des maisons qui existaient à l'époque de la concession, car la concession a pu être faite de manière à comprendre formellement toutes les maisons qui seraient bâties à l'avenir, comme celles qui existaient à cette époque.

« Mais si l'acte de concession ne s'est pas expliqué sur ce point comment doit-on l'interpréter aujourd'hui ?

« L'article 5 de l'ordonnance de 1669 va nous l'apprendre.

« Les coutumes, porte-t-il, franchises, usages, pâturages et panages seront réduits aux fiefs, aux maisons usagères seulement, suivant les états qui ont été faits par les commissaires qui ont travaillé aux réformations, ou qui seront ci-après dressés par les grands maîtres, aux maîtrises où il n'y a pas été pourvu.

« Cette disposition prouve clairement qu'en thèse générale, le nombre des maisons usagères n'est pas susceptible d'augmentation ; et tous les auteurs qui ont écrit sur la matière ont conclu de là que c'est à l'époque de la concession qu'il faut se reporter pour fixer les limites de ce nombre. »

Curasson est du même avis.

« Il existe, dit-il, un principe qui me paraît devoir dominer la question, c'est que, comme l'exprime Merlin, après le président Bouhier : « En fait de contrats, on doit s'en tenir à l'état où étaient les choses au temps de la convention. *Prœsens tempus semper intelligitur, si aliud comprehensum non est* (1). »

Coquille pensait aussi que le titre de concession ne devait s'appliquer qu'aux maisons anciennes :

« Si l'usage est concédé à une communauté d'habitants, les ménagers de nouvel survenus ne doivent changer l'usage. Si l'usage est concédé à communauté,

____

(1) CURASSON, *Traité des droits d'usage*, de Proudhon,

le bois ne doit être chargé, si les feux et ménages augmentent (1). »

3. Système de Troplong.

Pour bien fixer l'étendue du droit des usagers, il y a lieu, suivant Troplong, de tenir compte d'un fait historique, de l'abolition des droits féodaux dans la nuit du 4 août 1789.

Que se passait-il jadis? Un seigneur féodal, propriétaire d'immenses forêts, ne pouvait les exploiter par lui-même.

Il était donc indispensable pour lui d'attirer des ouvriers sur ses domaines, afin de tirer parti de leurs produits. D'un autre côté les ouvriers y trouvaient le moyen de vivre. C'est ainsi que dut se former le plus ancien contrat du monde, *do ut des*. Ce contrat s'est continué avec les nouveaux vassaux qui venaient s'établir sur les terres seigneuriales. Les choses se sont passées ainsi tant que les seigneurs ont pu faire de nouvelles concessions, dont ils retiraient en échange un accroissement de revenu. Mais le jour où il ne leur a plus été possible d'accorder de nouvelles concessions, les choses ont dû forcément cesser d'exister. C'est ce qui est arrivé dans la nuit du 4 août 1789, où l'abolition des droits féodaux a été proclamée. Les maisons construites après cette date n'ont donc plus été usagères.

C'est ce que dit Meaume :

« Du moment où la formation du contrat tacite entre le seigneur et les nouveaux habitants est devenue impossible, du moment où il n'y a plus eu ni seigneurs ni droits féodaux, du moment où celui qui donnait ne pouvait plus rien recevoir à moins d'un contrat formel et écrit, le ci-devant seigneur, resté propriétaire de la forêt, mais ne pouvant rien exiger des nouveau venus,

(1) Coquille, Sur l'article 12, chapitre XVII de la *Coutume du Nivernais*.

n'a évidemment été obligé de leur donner quoique ce soit, et de grever sans compensation aucune, sa propriété d'une nouvelle servitude. Les nouveau venus n'ont donc jamais eu aucun droit pour contraindre le propriétaire de la forêt ou ses successeurs à augmenter à cause d'eux les délivrances usagères (1). »

Ce système a toujours prévalu devant la cour de Nancy. Nous lisons dans un arrêt de cette cour du 3 août 1832.

« Considérant qu'à partir du 4 août 1789 et par l'effet de la loi de ce jour, non seulement la princesse de Poix a dû cesser de percevoir les revenus en considération desquels la concession des droits d'usage avait été faite, mais encore n'a pu empêcher l'établissement de nouveaux habitants, comme elle était en droit de le faire auparavant, que ceux-ci n'ayant jamais pu rien offrir en compensation du droit de maronnage, anciennement concédé, ne peuvent raisonnablement y prétendre. »

Cette jurisprudence fut adoptée par les cours de Limoges, de Metz et d'Aix.

Ces différents systèmes sont tous basés sur de sérieux motifs, mais celui de Troplong paraît tout particulièrement présenter le grand avantage de tenir compte d'un fait historique de la plus grande importance qui a entièrement changé les rapports des usagers et des propriétaires.

On a fait, au sujet du système soutenu par Troplong, une distinction qui mérite d'être signalée.

Si aucune redevance n'a été imposée dans le titre,

_____

(1) MEAUME, *Commentaire*, *Code forestier*, n° 495 : « Sans doute ajoute Meaume, comme le droit d'usage est un droit communal, les nouveau venus auront toujours le droit de participer aux délivrances, mais la survenance des nouveaux habitants diminuera les portions affouagères des anciens usagers, sans que la commune puisse demander des délivrances plus considérables.

si l'adjonction de nouveaux habitants n'offre aucune autre compensation que des prestations abolies en 1789, il est évident, dit-on, que le contrat *do ut des* n'a pu se former, que les nouveaux habitants ne pourraient se prévaloir d'une stipulation qui ne peut plus produire d'effet depuis l'abolition du régime féodal et que, par suite, ils ne sauraient être considérés comme usagers.

Mais si le titre indique que tout habitant ancien ou nouveau paiera une redevance et qu'un nouvel habitant prouve qu'il a payé cette redevance depuis 1789, il sera admis au nombre des usagers. Le paiement constitue un titre récognitif que le propriétaire ne peut méconnaître (1).

SECTION IV

Etendue de l'usage d'après le titre constitutif.

Nous avons déjà dit plusieurs fois que les règles que nous avons énumérées et qui réglementent les droits d'usage ne sont applicables qu'à défaut de titre. Quand il existe un titre, on doit s'y conformer.

Mais les titres ne sont, souvent, pas suffisamment clairs, surtout ceux qui sont écrits en latin. Comment en peut-on bien comprendre alors le sens et la portée?

Trois règles sont applicables en cette matière.

1. Il ne faut pas s'arrêter à la lettre des expressions du titre quelles que formelles qu'elles puissent paraître, on doit toujours rechercher quelle est la nature du droit concédé.

Il faut appliquer, ici, d'une façon toute particulière, cette maxime :

Non quod scriptum, sed quod gestum inspicitur.

(1) DALLOZ. V° *Droits d'usage.*

D'après Proudhon, on entend par *scriptum* le nom et la qualification qu'on a voulu donner à l'acte par l'écriture, et par *gestum*, ce qu'on a voulu obtenir en exécution. C'est à ce que les parties ont voulu faire qu'on doit s'attacher pour déterminer la nature de la négociation.

Bien entendu, si l'écriture et l'intention des parties sont en parfaite concordance, l'écriture fait la loi des parties.

« Toutes les fois, dit Proudhon, qu'il n'est pas démontré que le *gestum*, ou l'action exécutive du contrat se trouve en opposition avec le *scriptum*, ou la dénomination donné à l'acte, c'est l'écriture qui doit faire la loi, *credenda est scriptura*, alors on ne doit plus voir que la convention, telle qu'elle est dénommée par les parties, parce que les contractants n'ont voulu s'expliquer ainsi que pour choisir une espèce plutôt qu'une autre (1). »

2. L'usage concédé, sans autre désignation spéciale, ne s'étend qu'à l'usage en bois de chauffage.

Le droit d'user d'une chose impliquant celui de prendre le produit principal, et le bois de chauffage étant le produit le plus important des forêts, c'est de lui qu'il doit s'agir évidemment, à défaut d'indication dans le titre d'un usage spécial.

Les autres usages, tels que le pâturage, le panage. sont dénommés d'une façon toute particulière. Le maronnage doit également être indiqué tout spécialement. « En effet, ce droit, dit Meaume, emporte la nécessité de couper des arbres de futaie, or la coupe de ces arbres est interdite à l'usufruitier, donc les usagers dont les droits sont moins étendus, sont sans droit pour exiger des délivrances de cette nature, à moins que leur titre ne le leur accorde expressément (2). »

(1) PROUDHON, *Traité des droits d'usufruit*. n° 104.
(2) MEAUME, *Commentaire, Code forestier*. n° 452.

3. En cas de doute sur l'interprétation d'un titre, on doit se prononcer en faveur du propriétaire de la forêt.

C'est l'application du principe de la liberté de la propriété. La charge du fonds ne se présume pas. Il en est tout autrement de sa libération.

De même que, d'après l'article 1162, Code civil, la convention s'interprète, dans le doute, contre celui qui a stipulé, les clauses ambiguës s'interprètent contre les usagers.

C'est aussi ce que disait la loi romaine :

Semper in obscuris, quod minimum est, sequimur.
Ubi de liberando, ... facilior sis ad liberationem (1).

Ces principes sont aussi ceux de la loi française.

« L'esprit du Code civil, dit Troplong, est de favoriser le mouvement de la propriété et de dégager, autant que possible, les immeubles des entraves qui nuisent au crédit (2). »

(1) *Dig. de regulis juris.*, livre L, titre XVII, Loi 9, ULPIEN. *Dig. de oblig. et act.*, livre XLIV. Loi 47, titre VII. PAUL.
(2) TROPLONG, *Traité de la Prescription*, n° 795.

CHAPITRE V

De la Prescription.

Les droits d'usage peuvent-ils s'acquérir par la prescription, et s'éteindre par le non-usage pendant trente ans ? Examinons successivement ces deux questions.

Les droits d'usage peuvent-ils s'acquérir par prescription ?

A l'égard des bois de l'État, cette question est aujourd'hui sans intérêt, puisqu'ils doivent toujours se fonder sur un titre (1).

En ce qui concerne les autres bois, la question est très intéressante. Elle a été savamment débattue entre plusieurs jurisconsultes.

D'après Merlin, les droits d'usage étant de véritables servitudes discontinues, n'ont jamais pu s'acquérir par prescription. M. Henrion de Pansey partage cette opinion. Proudhon pense, au contraire, que le droit d'usage constitue un droit immobilier ; c'est un immeuble dans le domaine de l'usager ; il est donc juste de reconnaître dans ce droit une participation à la propriété foncière, puisqu'il en a les attributs et les effets.

Cet auteur établit une distinction entre l'usage au pâturage, aux feuilles mortes, à la glandée et à la faînée et les autres droits. Il ne voit dans les droits de pâturage et autres que nous venons d'énumérer que des actes de pure tolérance et par suite imprescriptibles.

______

(1) MEAUME, *Commentaire, Code forestier*, nº 339.

Dans les bois domaniaux, il n'y a plus aujourd'hui d'usage légitime sans un titre qui fasse rentrer l'usager dans l'une des trois classes indiquées dans l'article 61 du Code forestier.

Quant aux autres droits, ils affectent, selon lui, tellement le fonds sur lequel ils s'exercent, qu'on ne peut jamais les attribuer à la tolérance, mais à la reconnaissance tacite d'un droit susceptible d'être acquis par prescription.

Curasson partage l'opinion de Merlin, qui nous paraît préférable à celle de Proudhon. La jurisprudence de la Cour de cassation se prononce dans le même sens que Merlin.

Troplong fait remarquer, avec raison, que cette question est plus importante en théorie qu'en pratique. « En effet, dit-il, avec la valeur que les forêts ont aujourd'hui acquise, il n'est pas à craindre qu'on trouve, en France, des propriétaires assez peu soigneux, pour supporter pendant trente années consécutives, l'exercice de prises de bois qui sont, pour cette nature de propriété, un véritable fléau. »

Nous pensons comme Merlin, que nous sommes ici en présence de servitudes discontinues, non susceptibles de s'acquérir par la prescription.

Nous n'insisterons pas plus longtemps sur la prescription acquisitive ; occupons-nous maintenant de la prescription extinctive des servitudes.

Les droits d'usage étant des servitudes, peuvent être éteints par le non-usage. Ce non-usage doit avoir duré trente ans, depuis le dernier acte d'exercice. Peut-il être ici question des dispositions de l'article 2265 du Code civil, c'est-à-dire suffit-il que le non-usage n'ait duré que dix ans ou vingt ans ?

Merlin, Favard de Langlade, Toullier, Pardessus, Curasson, exigent que le non-usage ait duré trente ans. Cette doctrine est celle de la Cour de cassation.

Nous lisons dans un arrêt du 20 décembre 1836 :

« Considérant que l'article 2265 ne statue que sur la prescription des biens immeubles par ceux qui les ont acquis de bonne foi et par juste titre, et non de la libération des charges réelles dont ces biens peuvent être grevés ; que les servitudes sont réglées par le titre IV du livre II ; que l'article 706, qui fait partie de ce titre, dispose : « La servitude est éteinte par le non-usage pendant trente ans ; que cette règle est absolue et générale ; qu'elle s'applique à toutes les servitudes, et qu'elle écarte l'application de l'article 2265. »

L'opinion contraire a été soutenue par Pothier, Delvincourt, et par des arrêts de la cour de Colmar du 20 juillet 1836, et de la cour de Nancy, du 14 mai 1842.

Voici les principaux motifs invoqués par la cour de Nancy à l'appui de ce système :

« Attendu que, pour décider si le tiers possesseur, qui a juste titre et bonne foi, purge par dix ou vingt ans l'immeuble acquis, des charges dont il est grevé, il ne suffit pas de consulter isolément les articles du Code civil, qui, au titre des servitudes, posent le principe de la prescription trentenaire ; qu'il convient d'examiner la législation dans son ensemble, afin de savoir s'il ne se trouve pas une exception en faveur de celui qui a agi avec bonne foi et titre ; que cette exception est écrite dans l'article 2265, qui déclare prescrite par dix ou vingt ans, la propriété de l'immeuble acquis de bonne foi et à juste titre ; que vainement on oppose que cette disposition ne saurait s'appliquer aux servitudes, par le motif qu'elles ont leurs règles spéciales auxquelles renvoie l'article 2264 ; que cette objection ne serait fondée qu'autant que le titre des servitudes contiendrait lui-même une disposition concernant les droits du tiers-acquéreur ayant titre et bonne foi ; qu'il n'en est pas ainsi ; que l'article 706 invoqué se borne à poser pour les servitudes, comme l'article 2262 pour toutes les actions réelles et personnelles, le principe de la pres-

cription trentenaire, sans exclusion d'une prescription
moins longue, lorsque la servitude grèverait un
immeuble acquis de bonne foi et à juste titre; qu'il
est évident que cet article ne concerne que les parties
contractantes et n'a pour objet que de régler les droits
du propriétaire qui a constitué la servitude vis-à-vis de
celui qui, pendant trente ans, serait resté dans l'inaction, mais ne statue rien à l'égard du tiers-acquéreur
de bonne foi, dont les droits se trouvent réglés en titre
même de la prescription; qu'il y a donc lieu de reconnaître que l'article 2265 peut tout aussi bien se concilier avec l'article 706 qu'avec l'article 2262, et que, dans
l'un et l'autre cas, l'exception établie par la loi en
faveur du tiers-acquéreur de bonne foi doit recevoir
son application .   .   .   .   »

La cour, après avoir examiné la question, au point
de vue historique, dans la loi romaine, la coutume de
Paris, la loi de brumaire an VII, etc., ajoute :

« Attendu que la Cour de cassation, afin de prévenir l'équivoque qui pouvait résulter du texte trop concis
de l'article 2265, qui ne parlait que de la propriété de
l'immeuble, avait proposé une rédaction plus large, et
conforme à celle de Pothier, qui mentionnait tous les
droits réels, tels qu'usufruit, droits d'usage, privilèges
et servitudes grevant l'immeuble aliéné, et se trouvant
soumis comme l'immeuble à la prescription décennale;
qu'il est vrai de dire que cette rédaction n'a pas passé
dans la loi, sans doute parce qu'on a pensé qu'elle était
un développement inutile de ce qu'on devait entendre
par le mot de propriété, qui comprend nécessairement
tout ce qui la constitue pour qu'elle soit parfaite,
entière; qu'il n'en résulte pas moins de ce mode de
rédaction proposé par la Cour suprême, que l'article
2265 n'est qu'un équipollent de l'article 114 de la coutume de Paris, et doit, comme ce dernier, soumettre à

la prescription de dix ans non seulement l'immeuble
aliéné, mais aussi toutes les charges qui le grèvent ;
qu'on comprend difficilement que, malgré ces arguments puissants et l'opinion du plus grand nombre des
meilleurs auteurs, la jurisprudence semble persister
dans un système qui paraît contraire à l'esprit comme
au but de la loi ; que c'est le cas d'observer le précepte
de droit : *non exemplis, sed legibus judicandum est* (1). »

Nous avons volontiers transcrit une grande partie de
cet arrêt ; car il expose très clairement la doctrine
contraire à celle de la Cour de cassation.

Quant à nous, nous partageons l'opinion de la Cour
suprême, mais par un autre motif.

D'après l'arrêt de Cassation que nous avons cité,
l'article 2265 du Code civil s'applique exclusivement à
la prescription acquisitive des immeubles au profit
des acquéreurs de bonne foi et à juste titre, et est tout
à fait étranger à la prescription extinctive. Cette doctrine nous paraît très critiquable. On pourrait facilement
justifier l'application de l'article 2265 aux droits des
usagers, en se plaçant au point de vue du législateur
dans l'article 2180 du Code civil, c'est-à-dire en admet-
tant que la prescription opposée par le propriétaire à
l'usager soit une prescription acquisitive. L'article 2180
considère en effet le tiers-détenteur de l'immeuble
hypothéqué comme acquérant le démembrement de
propriété que représente l'hypothèque, puisqu'il lui
permet d'opposer la prescription décennale, lorsqu'il a
juste titre et qu'il est de bonne foi. On peut de même
considérer le propriétaire de la forêt comme acquérant
par suite du non-usage le démembrement de propriété
que représente le droit de l'usage. Si donc un propriétaire avait juste titre et bonne foi, ce serait la prescription acquisitive qu'il opposerait à l'usager, et en consé-

(1) Nancy. 14 mars 1842.

quence il pourrait invoquer la prescription décennale. Il est bien évident que la question ne se poserait qu'à l'égard d'un acquéreur devenu propriétaire de l'immeuble hypothéqué en vertu d'un juste titre, et étant de bonne foi, c'est-à-dire ignorant au moment de son acquisition l'existence du droit d'usage. En pareil cas, ce ne serait plus l'article 706 qui serait en question, mais bien l'article 690.

Il s'agirait alors de savoir si les termes de ce dernier texte, qui admet l'acquisition des servitudes par la possession de trente ans, ont par cela même exclu la prescription décennale. Nous ne le pensons pas. Mais cette discussion serait inutile ici. Il nous semble qu'un autre motif doit faire rejeter l'application de l'article 690, à notre matière. Cet article vise en effet exclusivement les servitudes continues et apparentes. En conséquence il ne peut concerner les droits d'usage qui sont des servitudes discontinues, de l'aveu même des partisans de l'opinion que nous combattons. C'est bien là, selon nous, le vrai motif qui empêche de faire l'application de l'article 2265, aux droits d'usage.

On peut définir ces droits comme Dumoulin définissait l'hypothèque : *Tota est in toto, et tota in quâlibet parte;* c'est-à-dire : l'hypothèque est indivisible, *naturâ*, activement et passivement.

L'exercice du droit d'usage sur une seule partie de la forêt, conserve-t-il ce droit sur toutes les autres, par application de ce principe ?

La Cour de cassation le décide ainsi, pourvu que la forêt appartienne au même propriétaire.

Nous lisons dans un arrêt du 22 juillet 1835 :

« Attendu qu'il est hors de doute que les droits d'usage existant sur une forêt qui appartient à une seule personne, sont conservés par l'exercice de ce droit sur une partie quelconque de la forêt; que c'est seulement en cas de démembrement que l'exercice des droits d'usage sur une partie, ne pourrait pas être opposé au propriétaire qui aurait joui de sa portion franche et libre de toute servitude pendant un temps suffisant pour la prescription :

Ainsi donc l'exercice du droit d'usage sur une partie de la forêt conserve le droit de l'usager sur toute la forêt, à la condition qu'elle appartienne tout entière au même propriétaire.

Quid si elle appartenait à plusieurs ? Il faudrait alors distinguer. Si la forêt était indivise, il est évident que les faits de possession exercés sur une partie conserveraient le droit de l'usager sur toutes les autres. Telle est l'opinion de Meaume et de Proudhon, qui nous paraît juste.

En serait-il de même si la forêt était partagée ? Proudhon le pense. Nous serions disposé à accepter cette opinion tant que la forêt resterait dans les mains des copartageants à l'égard desquels l'indivisibilité de la servitude persisterait; mais si l'une des portions, par exemple, passait entre les mains d'un tiers-acquéreur, l'usager perdrait, selon nous, son droit sur cette portion s'il ne continuait pas à l'exercer sur elle.

Disons en terminant qu'on applique aux droits d'usage les règles générales du Code civil relativement à la suspension et à l'interruption de la prescription.

CHAPITRE VI

Cantonnement.

Nous avons vu ce qu'on entendait par droits d'usage et quelles sont les règles qui régissent cette matière.

Ayant étudié tout particulièrement le droit d'usage en bois de chauffage, nous avons remarqué qu'il est soumis à la délivrance, à la possibilité des forêts, et limité aux besoins de la partie prenante. Nous savons également qu'il peut être plus ou moins étendu, comprendre le bois dur, le bois blanc, ou seulement le bois mort ou le mort-bois, et s'étendre sur le taillis. Quant à la futaie elle est affranchie d'un pareil droit, à moins que les arbres qui la composent ne puissent pas être utilisés autrement.

C'est une servitude onéreuse pour la propriété, aussi la loi permet-elle aux propriétaires de l'éteindre grâce au cantonnement (1). Qu'est-ce qu'un cantonnement?

Une opération par laquelle un propriétaire libère une forêt ou toute autre terre des charges qui la grèvent. Cette opération s'applique principalement aux forêts.

SECTION I

Historique du cantonnement.

Il existe deux espèces de cantonnement, l'ancien et le moderne.

Le cantonnement ancien s'appelait aussi aménagement ou réserve.

(1) *Code forestier*, articles 63. 88, 111. 118.

Pour nous faire une juste idée du cantonnement ancien, il faut remonter à l'origine de l'établissement des servitudes d'usage en forêts.

Ces servitudes ont été concédées par les rois et les seigneurs, soit au moment de l'affranchissement des communes, soit depuis cette époque. Ces concessions, dans le principe, furent facilement accordées, car on attachait alors peu d'importance à la propriété forestière. Plus tard, cette propriété ayant acquis une plus grande valeur, on chercha à diminuer les servitudes qui la grevaient.

Si donc une partie de forêt pouvait suffire aux usagers, on affranchissait le reste de la propriété de cette servitude. La partie qui restait abandonnée aux usagers prenait le nom de cantonnement. On lui donnait cette dénomination parce qu'elle restreignait alors, comme aujourd'hui, l'exercice du droit de l'usager sur une partie ou canton déterminé de la forêt. La nue-propriété de ce canton appartenait toujours au seigneur.

Quand les forêts étaient vastes, le cantonnement était du tiers ou du quart de la forêt.

C'est ce que dit Coquille.

« Il est passé en règle générale, dit-il, que si les bois sujets à usage sont d'une grande étendue, l'usage soit restreint au tiers ou au quart desdits bois, selon le nombre des usagers, et l'autre soit laissé au seigneur propriétaire, pour en disposer ainsi que bon lui semblera (1). »

Tel était le cantonnement ancien. Tout autre est le cantonnement moderne. Remontons à son origine. Au xviiie siècle, les seigneurs, propriétaires de forêts grevées de droit d'usage, demandèrent au gouverne-

(1) Coquille. *Questionnaire et Répertoire*, nᵒ 303.

ment de pouvoir modifier l'ancien aménagement. Ils proposèrent d'abandonner aux communautés d'habitants, en pleine propriété, une partie des forêts, le surplus étant absolument affranchi de tous droits d'usage.

Le gouvernement s'empressa d'accueillir leurs demandes qui permettaient d'accroître la propriété communale, et d'augmenter les quarts en réserve. La définition de cette réserve nous est donnée dans l'article 2 de l'ordonnance de 1669, où nous lisons : « Le quart des bois communaux sera réservé pour croître en futaie dans les meilleurs fonds et lieux plus commodes (1) ». On comprend facilement tout l'intérêt que le gouvernement attachait à la multiplication de cette réserve, car c'était le meilleur moyen d'arriver à rétablir les futaies que des abus de jouissance avaient fait presque complètement disparaître. Telle est l'origine du cantonnement moderne, bien différent, on le voit, de l'ancien, ou pour mieux dire, du plus ancien. Ce mode de cantonnement n'était pas applicable aux forêts du domaine royal, puisqu'il aurait consisté dans l'abandon, en toute propriété d'une partie du domaine de la Couronne, et qu'une telle aliénation était prohibée par l'ordonnance de Moulins, de 1566.

Le cantonnement est, de nos jours, défini dans l'article 63 du Code forestier. Il a pour but d'affranchir une partie de la propriété des droits d'usage, moyennant l'abandon de la partie donnée en cantonnement. Aux termes de cet article, le propriétaire a seul droit de demander le cantonnement (2).

Il n'en fut pas toujours ainsi. Sous l'empire de la loi

(1) Ordonnance de 1669, art. 2, titre XXV.

(2) L'article 63 est ainsi conçu : « Le gouvernement pourra affranchir les forêts de l'Etat de tout droit d'usage en bois, moyennant un cantonnement qui sera réglé de gré à gré, et en cas de contestation par les tribunaux. L'action en affranchissement d'usage par voie de cantonnement n'appartiendra qu'au gouvernement et non aux usagers. »

de 1792, le cantonnement pouvait être demandé par le propriétaire et par l'usager. C'était le renversement de tous les principes. Comment une personne qui n'a qu'un droit de servitude sur un immeuble, est-elle en droit d'exiger qu'une partie de cet immeuble lui soit attribuée en pleine propriété! C'est incompréhensible. Le Code forestier est revenu aux vrais principes en abrogeant, dans l'article 63 (*in fine*), l'article 5 de la loi du 28 avril 1792. Remarquons que la loi de 1792 n'a été abrogée que pour les bois, par conséquent, elle est toujours en vigueur pour les autres propriétés telles que les marais et les landes.

D'après l'article 118 du Code forestier, cette faculté est commune à tous les propriétaires de bois.

Ce droit du propriétaire de bois de pouvoir demander seul le cantonnement est parfaitement équitable. « Rien de plus légitime, dit Meaume, rien de plus naturel, de plus conforme au droit de propriété que la faculté accordée par le Code forestier, au seul propriétaire, de pouvoir affranchir la forêt de la servitude d'usage (1). »

Il est toujours loisible aux propriétaires et aux usagers de régler cette question du cantonnement d'après les anciens principes.

Le cantonnement est amiable ou judiciaire.

Il est amiable, lorsque le propriétaire de la forêt est d'accord avec l'usager pour transformer la servitude d'usage en droit de propriété. Il est au contraire judiciaire lorsque les parties sont en désaccord sur l'étendue ou la valeur du cantonnement abandonné à l'usager en échange de son droit. Les articles 112 à 115 de l'ordonnance du 1ᵉʳ août 1827 indiquaient la procédure à suivre (2).

---

(1) Meaume. *Commentaire, Code forestier*, n° 399.

(2) Un décret du 12 avril 1854 a abrogé ces articles, ainsi que les articles 116 et 145.

L'État doit recourir à la voie amiable avant de procéder judiciairement. En est-il de même des simples particuliers. Nous le pensons, car l'article 118 du Code forestier déclare que « les particuliers jouiront de la même manière que le gouvernement, et sous les conditions déterminées par l'article 63, de la faculté d'affranchir leurs forêts de tous droits d'usage en bois ».

Disons en terminant que s'il est vrai, en principe, que le propriétaire a seul le droit de demander le cantonnement, il en serait autrement si l'usager n'avait pu jouir de ses droits par le fait même du propriétaire ; dans ce cas il pourrait lui aussi réclamer le cantonnement.

SECTION II

Effet du cantonnement.

Le cantonnement produit un effet important pour le propriétaire débiteur de la servitude. Il affranchit de toute servitude la portion de la propriété qui ne fait pas partie du cantonnement et limite le nombre des parties prenantes à celui des maisons existantes au jour du cantonnement, sans qu'il y ait lieu de rechercher le nombre des habitants qui sont venus habiter la commune ou qui l'ont quittée depuis l'introduction de la demande.

Si la forêt soumise aux droits d'usage appartient à plusieurs propriétaires, ceux-ci doivent se mettre d'accord pour exercer l'action en cantonnement.

Quel que soit le nombre des propriétaires, dit Meaume, l'usager se trouve toujours garanti par ce principe protecteur de son droit de servitude *servitus ita diffusa est ut omnes glebæ serviant*. La nature de son droit est semblable à celle de l'hypothèque laquelle est suivant Dumoulin, *tota in toto, et tota in quolibet parte*.

La servitude doit donc être rachetée en entier : l'exercice n'en doit pas être fractionnée contre le gré de l'usager qui, s'il ne peut résister à un cantonnement total, a la faculté de repousser un cantonnement partiel (1).

Si les copropriétaires ne peuvent pas s'entendre, celui qui veut libérer sa propriété par le cantonnement devra racheter l'intégralité du droit d'usage en abandonnant un canton de forêt pris sur la part qui lui appartient. Cette part sera fixée par une expertise.

S'il y a plusieurs usagers, ils devront être tous mis en cause (2).

Quid à l'égard des coupes délivrées aux usagers depuis le dépôt du travail des experts? Elles donneront lieu à une indemnité en faveur des propriétaires ou des usagers selon qu'elles auront été faites dans la partie de forêt affranchie du cantonnement ou au contraire dans celle qui aura fait l'objet de ce cantonnement.

SECTION III

Opérations nécessaires pour faire un cantonnement.

Pour parvenir au cantonnement, diverses opérations sont nécessaires. Nous allons les faire connaître.

Redisons d'abord en quoi consiste le cantonnement.

À affranchir une propriété des droits d'usage qui la grèvent, moyennant un rachat en nature.

Le territoire donné au cantonnement sera plus ou moins grand selon que le droit d'usage était plus ou moins important. Cette corrélation entre les deux droits

(1) Meaume, n° 441. *Commentaire, Code forestier*.

(2) Bourges, 15 juin 1838. Cassation, requêtes, 13 août 1839.

s'explique trop facilement pour qu'il soit nécessaire d'insister sur ce point.

Il faut donc que les experts recherchent d'abord quelle est l'étendue de l'usage, d'après le titre constitutif, d'après la nature du droit, d'après l'espèce et la quantité des produits qui en sont l'objet, et d'après le nombre des parties prenantes.

Toutes ces questions sont fort intéressantes. Elles modifient sensiblement l'étendue des droits des usagers et servent de base à la fixation de l'étendue du cantonnement. Nous les avons traitées dans des chapitres précédents, nous n'avons donc pas à y revenir maintenant, et nous nous contentons de renvoyer le lecteur à ces différents chapitres.

Quand les experts ont apprécié l'étendue de l'usage à ces divers points de vue, ils évaluent le produit annuel auquel ce droit donne lieu. Ce revenu étant bien établi, il y a lieu de rechercher quelle est l'étendue et la valeur du canton de forêt qui doit être abandonné à l'usager en échange de son droit d'usage.

C'est en cela que consiste, selon Meaume, la principale difficulté du cantonnement. Pour résoudre cette difficulté, il faut appliquer le principe suivant : le résultat du cantonnement doit être de diminuer les fruits perçus par l'usager, parce que le cantonnement lui fait gagner en solidité, l'équivalent de ce qu'il perd en produit (1).

Ce droit évalué, comment déterminer la portion de forêt qui doit être donnée en échange.

Sur ce point, plusieurs systèmes sont en présence. Celui de Merlin. D'après ce jurisconsulte, qui assimilait à tort l'usage à l'usufruit, cette servitude devait toujours être compensée par l'abandon du tiers de la propriété. Nous ne saurions admettre ce système, qui

---

(1) MEAUME, *Commentaire, Code forestier*, n° 498.

ne tient compte de l'étendue de l'usage, ni d'après le titre constitutif ni d'après le nombre des parties prenantes.

Quant à celui de Proudhon, il aboutit à ce résultat, qui nous paraît inadmissible, que le propriétaire, tout en perdant par le cantonnement une partie de sa propriété, ne gagne rien en produit.

Reste celui de l'ordonnance réglementaire du Code forestier, qui a été admis par la plupart des cours d'appel et qui nous paraît devoir être suivi.

Il consiste à déterminer en argent, d'après les règles que nous venons d'énumérer, et ayant pour but d'apprécier l'étendue de l'usage, les délivrances faites annuellement aux usagers.

Il faut multiplier ensuite cette valeur annuelle par un coefficient, tel que le produit représente en argent le capital de l'usage. Enfin déterminer une portion de forêt représentant en nature le capital de l'usage obtenu par la deuxième opération.

Ce système qui nous paraît le meilleur, est, avons-nous dit, généralement admis par la jurisprudence (1). Les article 112, 113 et 114 de l'ordonnance du 1ᵉʳ août 1827 indiquaient la procédure administrative à suivre. Ces articles ont été abrogés par un décret du 12 avril 1854 réglementant cette matière, ainsi que nous l'avons déjà dit (2).

Pour déterminer les bases du cantonnement suivant l'ordonnance d'exécution, il faut d'abord évaluer le produit annuel de l'usage d'après l'étendue du droit considéré sous les quatre points de vue: 1° du titre constitutif; 2° de la nature du droit; 3° des produits

---

(1) Amiens, 25 mars 1824; Colmar, 13 juillet 1824; Grenoble, 27 août 1824. Bourges, 20 avril 1825; Cassation, 22 mai 1827. Nancy, 20 juillet 1829, 9 mai 1837, 9 février 1838.

(2) Décret du 12 avril 1854, art. 8.

qu'il peut procurer à l'usager ; 4° du nombre des parties prenantes.

Cette évaluation faite, les experts déterminent en argent ainsi que nous venons de le dire, les délivrances faites annuellement aux usagers (1). Ils obtiennent ainsi une rente foncière dont il importe d'obtenir le capital. Pour y parvenir ils doivent multiplier par 20, la rente usagère, toute rente foncière se rachetant suivant l'intérêt légal, c'est-à-dire à raison de 5 0/0, ou moyennant vingt fois le revenu de la rente.

Cette manière de procéder est conforme aux prescriptions de l'article 9 du décret du 19 mai 1857 ainsi conçu: « Le revenu net du droit d'usage sera capitalisé au denier vingt. »

D'autres systèmes ont été proposés, mais celui que nous venons d'exposer est le seul qui ait été accepté et consacré par la jurisprudence (2). La Cour de cassation a rejeté par huit arrêts rendus le 25 février 1845, les pourvois dirigés contre les arrêts de la cour de Nancy qui admettaient la capitalisation au denier vingt. Dans une note sur cet arrêt, nous lisons : reste la capitalisation au denier vingt, consacrée par de nombreux arrêts de la cour de Nancy, notamment par ceux que l'on venait déférer à la Cour suprême. C'est assurément le système le plus logique, le plus conforme aux principes et en même temps celui qui concilie le mieux les intérêts du propriétaire et de l'usager, tel est le mode le plus généralement pratiqué dans les cantonnements. — Il est adopté depuis longtemps par la cour de Nancy.

Cette capitalisation obtenue, tout serait terminé s'il s'agissait d'un rachat ordinaire. Mais, comme le capital doit ici être converti en un canton de forêt d'une

(1) Les règles à cet égard sont déterminées par un décret du 19 mai 1857.

(2) Requêtes, 25 février 1845.

valeur équivalente, il est nécessaire d'évaluer, cette partie de forêt. Les experts devront estimer séparément le fonds et la superficie (1). D'après la cour de Nancy, il y a lieu d'évaluer la valeur du sol et de ses différents produits, la futaie, comme le taillis. (Ajoutons que les souches doivent aussi être l'objet de l'examen des experts.)

« Considérant, dit la cour, que l'estimation du sol faite par la majorité des experts est vicieuse, en ce sens qu'ils n'ont apprécié qu'un des produits principaux du sol, le taillis, pour en induire la valeur du sol lui-même, et qu'ils n'ont pas fait entrer en ligne de compte la futaie, qui est aussi un des revenus du sol qui le nourrit, que si cette partie du sol était dépouillée de la futaie elle produirait un taillis d'un revenu précieux, que la présence de cette futaie doit donc entrer en ligne de compte pour l'estimation de la valeur du sol (2).

Si l'usage a été établi à titre onéreux et soumis à des redevances, que les lois abolitives du régime féodal n'ont pas fait disparaître, l'usager, étant affranchi de ces redevances en devenant propriétaire, doit recevoir un capital diminué d'autant.

Lorsqu'on établit un cantonnement, il faut le faire à la convenance du propriétaire et des usagers. Les experts, dit Meaume, doivent chercher, autant que possible, à concilier les intérêts du propriétaire et ceux de l'usager, en assignant leurs parts dans les cantons qui sont le plus à leurs convenances respectives. Autant que possible, le cantonnement sera assis à la convenance des usagers (3).

Telle est la procédure à suivre en matière de can-

---

(1) Quant à l'estimation de la superficie, il y a lieu de s'en référer à l'article 13 du décret du 19 mai 1857, et quant à celle du sol, à l'article 14 du même décret.

(2) Nancy, 25 février 1860.

(3) Décret du 19 mai 1857, art. 12.

tonnement. Examinons maintenant quelques questions intéressantes se rattachant à notre sujet.

Qui doit supporter les frais d'exploitation? C'est l'usager. Aussi, lorsque les experts évaluent les produits de l'usage, ils doivent prendre pour base de leur travail, le prix du bois sur pied.

Quid des droits de chasse et de pêche?

Aux termes du décret du 19 mai 1857, il ne doit pas en être tenu compte. Mais les experts auront à tenir compte dans leur évaluation, de la situation des coupes qui ne sont pas toutes aussi rapprochées les unes que les autres des routes et des habitations.

Enfin *quid* du précomptage?

Disons d'abord ce qu'on entend par ce mot?

Une opération consistant à proportionner les délivrances à faire aux usagers, à l'importance de leurs besoins.

Sur ce point, deux systèmes : Si les usagers possèdent des bois et que ces bois soient assez grands pour satisfaire leurs besoins, la servitude d'usage sera supprimée. Si ces bois sont seulement insuffisants pour subvenir aux besoins des usagers, le droit d'usage sera simplement réduit.

Ce système est généralement admis dans le ressort des cours de Besançon, Nancy et Dijon.

Il est basé sur ce principe : l'usage n'est dû qu'aux besoins, il n'est donc plus dû lorsque l'usager n'a plus de besoins. Ce raisonnement est équitable sans doute, mais il ne nous paraît pas très juridique.

Il est vrai que les usages ont été établis pour subvenir aux besoins des habitants. Mais, grâce à une longue possession, ce droit s'est trouvé établi de telle façon qu'on ne saurait y porter atteinte, bien que les usagers n'en aient plus réellement besoin, ou qu'ils se trouvent affranchis des charges auxquelles ils étaient tenus lors de l'établissement du titre constitutif de leurs droits.

C'est ce que dit Meaume : « S'il est vrai de dire que, dans l'origine, l'usage a été accordé au besoin, il est également vrai que le besoin, de même que les charges imposées à l'exercice du droit, a pu être supprimé par le temps et par les révolutions, en laissant, toutefois, le droit subsister dans son intégrité (1) ».

Cette opinion est contredite par Curasson, qui s'appuie sur la jurisprudence constante de la cour de Besançon.

L'opinion soutenue par Meaume, a été consacrée par un arrêt de la Cour suprême.

Nous y lisons : « Attendu que les communes demanderesses ont allégué que, d'après leurs titres, elles auraient droit à des usages proportionnés à leurs besoins, sans que, d'aucune disposition de ces titres on pût induire que l'étendue de ces usages devait être réduite, si d'autres moyens d'y satisfaire venaient à appartenir d'autre part aux communes, attendu que l'arrêt attaqué n'a point prétendu que le cas eût été expressément prévu, ou qu'il fût le résultat de l'interprétation des titres, mais qu'il a jugé en droit qu'un usager ne peut réclamer que ce qui lui est nécessaire, déduction faite de toutes les ressources personnelles qu'il peut avoir, quelle qu'en soit l'origine.

« Attendu que l'arrêt attaqué a subordonné à tort l'étendue et même la durée des droits d'usage à des circonstances essentiellement variables, non prévues dans les titres de concession, et a créé en faveur du propriétaire un mode de libération non prévu par les articles 1234 et 1315 du Code civil, en quoi il a violé lesdits articles et faussement appliqué l'article 630 du même Code (2). »

(1) MEAUME, *Commentaire*, *Code forestier*, n° 507.
(2) Cassation, 7 mars 1842.

Tout en approuvant cette doctrine, il est juste de reconnaître que l'idée première, lors de ces concessions, avait été de satisfaire simplement aux besoins des habitants qui, de leur côté, étaient tenus à rendre des services aux seigneurs.

On peut donc dire que, du moment où ce but était atteint, les droits des usagers n'avaient plus de raison d'être. L'opinion de Curasson, s'appuyant sur la jurisprudence de la cour de Besançon, paraît très sérieuse ; mais, malgré tout, la doctrine de la Cour de cassation doit être suivie, selon nous, comme étant plus juridique. Le décret du 19 mai 1857 confirme cette doctrine. Nous lisons dans l'article 8 :

« Les produits en bois que les usagers retirent annuellement de leurs propres forêts ne seront pas précomptés en déduction de l'émolument du droit d'usage, sauf le cas où, soit d'après les stipulations expresses des titres, soit d'après des faits de jouissance équivalents à un titre, les délivrances ne devraient être faites aux usagers qu'après emploi de leurs propres ressources en bois et en complément de ces mêmes ressources. »

Les arbres épars peuvent-ils être l'objet de cantonnement ?

La Cour de cassation ne le pense pas (1). Cette solution paraît rigoureuse.

Les abus de jouissance de la part du propriétaire, lui font-ils perdre le droit de demander le cantonnement ?

Non. Cette faculté est inhérente au droit de propriété, l'abus de jouissance ne saurait donc empêcher le propriétaire d'exercer ce droit. Mais il y aurait lieu, au moment où il s'agirait de fixer la quantité de terrain devant appartenir au propriétaire et à l'usager, de tenir compte du temps pendant lequel l'usage aurait été

(1) Requêtes, 20 décembre 1845.

suspendu par le tribunal, en raison des dévastations provenant du fait du propriétaire.

C'est ce qu'a justement décidé la cour de Montpellier.

« Considérant que le cantonnement est un droit inhérent à la propriété et dont l'exercice, consacré par la loi, doit être favorablement accueilli par la justice ; considérant que la cour a pu dans son arrêt du 3 janvier 1853, en présence de l'état des forêts soumises au droit d'usage, déclarer que l'exercice de ce droit demeurerait suspendu pendant dix-huit ans, mais qu'il ne s'ensuit pas que l'action en cantonnement doive être frappée de la même interdiction ..... qu'il y aura lieu seulement dans la fixation du terrain qui devra être attribué en toute propriété, soit au propriétaire, soit aux communes usagères, de prendre en considération les droits et les obligations que ces arrêts ont consacrés (1). »

Dans le cas où l'expertise serait inutile, s'il est certain, par exemple, que la partie abandonnée à titre de cantonnement à l'usager sera supérieure à la moitié de la forêt, est-il nécessaire d'y recourir ? On peut en pareil cas demander aux tribunaux de fixer eux-mêmes les droits des parties.

Mais les tribunaux ont toujours le droit de repousser ces demandes, et de recourir à des expertises.

Ils ont, en pareille matière, un droit souverain d'appréciation (2).

L'usager dont la condition change, par le cantonnement, et qui a des frais de garde et des contributions

____

(1) Montpellier, 18 août 1854.

(2) Telle est l'opinion de Curasson, consacrée par un grand nombre d'arrêts. Cassation, 22 mai 1827, 7 août 1833, 15 janvier 1835 ; Amiens, 22 mai 1824 ; Colmar, 15 février 1838 ; Grenoble. 2 décembre 1841.

à payer, doit-il être indemnisé, à ce sujet, par le propriétaire ?

Sur ce point, la jurisprudence de la Cour de cassation est en opposition avec celle de plusieurs cours d'appel.

Un décret du 19 mai 1857 est venu trancher cette question qui était fort discutée. Examinons-la, cependant, tout au moins, au point de vue historique.

On peut dire que l'usager en devenant propriétaire est tenu des charges de la propriété.

Curasson est de cet avis.

« Quant aux impôts et frais de garde, dit-il, ils deviennent une charge de la propriété que l'usager acquiert, et il ne peut être question de l'en indemniser (1). »

C'est ce qui ressort. également d'un arrêt de la cour de Colmar où nous lisons : « que le propriétaire se trouve de droit dégrevé de la part proportionnelle de la garde et de l'impôt, sans que, dans aucun cas, les usagers qui en sont grevés par suite du cantonnement puissent faire valoir cette considération, qui est un accessoire forcé de la propriété, pour se faire attribuer au-delà de la fixation qui leur compète (2). »

La cour de Nancy, dans de nombreux arrêts, pose en principe que les charges de la propriété grèvent les fruits et non le fonds et que, par conséquent, tout participant à ces fruits doit supporter dans les charges une part proportionnelle à son émolument.

La Cour de cassation repousse cette doctrine, prétendant que l'usage est une servitude discontinue qui ne peut être atteinte par aucune espèce d'impôt.

Citons un arrêt du 30 juillet 1838 : « Attendu que les droits d'usage dans les forêts ne constituent au

(1) CURASSON, *Notes sur Proudhon*. n° 685.
(2) Colmar, 13 juillet 1824.

profit des usagers qu'une servitude discontinue qui, aux termes des lois sur la contribution foncière, n'est soumise à aucune partie de cet impôt, ce qui écarte l'application de l'article 635 du Code civil (1). »

Meaume est d'un avis contraire. Il s'exprime ainsi : « Si les servitudes ordinaires n'obligent pas généralement à contribuer aux charges de la propriété, c'est uniquement par le motif qu'elles ne procurent à ceux qui les exercent aucun produit du fonds servant ; tandis que le caractère essentiel de la servitude d'usage est de diminuer au préjudice du propriétaire, par une perception faite au profit de l'usager, les revenus du fonds. Il y a donc là une participation nécessaire dans les fruits, autorisant le propriétaire à retenir les contributions sur toutes les charges foncières. Or, il faudrait fermer les yeux à la lumière pour ne pas reconnaître que les servitudes d'usage sont essentiellement une charge foncière de l'héritage sur lequel elles sont assises (2).

Nous serions de l'avis de Meaume, si le décret du 19 mai 1857 (art. 10) ne déclarait pas formellement qu'il y a lieu d'ajouter à la valeur déterminée de l'émolument du droit d'usage, à titre de concession, le capital au denier vingt des frais de garde et d'impôt, que les usagers, une fois cantonnés, auront à supporter, comme propriétaires.

Qui doit supporter les frais, toujours, élevés qui sont nécessités par le cantonnement ?

D'après Meaume, il faut distinguer si le partage est amiable ou judiciaire. Dans le premier cas, il y a lieu de partager les frais proportionnellement à l'importance du canton de forêt que le partage attribue à chacune des parties. Dans le second cas, tout en mainte-

(1) Cassation, 30 juillet 1838.

(2) MEAUME, *Commentaire, Code forestier,* n° 515.

nant le principe quant au partage proportionnel des frais d'expertise, on doit mettre à la charge de la partie qui succombe la totalité des frais de l'instance judiciaire (1).

Curasson pense, que si le propriétaire offrait, avant toute expertise, une portion déterminée de la forêt, et que si l'usager provoquait ensuite une expertise dont le résultat ne lui attribuerait qu'une partie moindre, ou tout au plus égale, tous les frais de l'expertise seraient à la charge de l'usager.

Meaume trouve, avec raison, cette opinion très admissible.

Quid des droits d'enregistrement.

Sommes-nous en présence d'un simple partage ? Cette opinion est admise par certains jurisconsultes. Meaume voit, au contraire, dans le cantonnement, une opération ayant pour but de dessaisir d'un côté le propriétaire de sa propriété, et, de l'autre, de la faire acquérir à l'usager, ce qui, suivant lui, donne lieu au droit de mutation.

Qui doit acquitter ce droit ? Le propriétaire, d'après Meaume.

Il pense, en effet, qu'il y a analogie parfaite entre le droit d'usage et une rente. Le débiteur de la rente, dit-il, paie les frais de libération, il doit en être de même du propriétaire débiteur de la servitude d'usage.

Comme, dans ce dernier cas, ajoute très justement ce jurisconsulte, le paiement se fait en immeubles au lieu de se faire en argent, et qu'un paiement en immeubles est une véritable mutation de propriété, il faudra que le propriétaire supporte seul les frais. Il est vrai que l'usager est un acquéreur, mais c'est un acquéreur forcé et, par ce motif encore, on ne peut lui imposer l'obligation de payer les frais d'une libération qu'il n'a pas sollicitée et qu'il ne pouvait exiger (2).

(1) MEAUME, *Commentaire, Code forestier*, n° 516.
(2) MEAUME. *Commentaires*, 516, *Code forestier*.

DEUXIÈME PARTIE

CHAPITRE PREMIER

Affouage communal.

Nous abordons maintenant la seconde partie de notre étude, l'affouage proprement dit ou affouage communal.

Définissons d'abord ce mot : Le droit pour les habitants d'une commune de prendre dans les bois communaux soit des taillis ou bois de chauffage, soit des futaies ou bois de construction (1). D'après Ducange, l'affouage est le *jus credendæ sylvæ domesticus in usus, vel excidendi ligni in memore ad focum suum.*

Il ne faut pas confondre l'affouage communal avec les droits d'usage exercés par les habitants d'une commune, *ut universi*, ou par des particuliers, *ut singuli*, sur les forêts de l'État, d'une autre commune ou d'un particulier. Ces droits d'usage sont improprement appelés droits d'affouage. Ce sont, comme nous l'avons vu, des servitudes réelles que les habitants de certaines communes possèdent sur les biens d'autrui. Larzillière fait remarquer avec raison que le Code forestier n'emploie le mot d'affouage que pour parler de la jouissance des habitants dans les bois communaux.

(1) Dans cette étude nous ne nous occuperons que des bois de chauffage.

Quelle est la nature de ce droit. Est-ce un usage en bois? Assurément non. L'usage en bois étant une servitude réelle, ne peut exister sans un fonds auquel il est attaché et qui joue le rôle de fonds dominant. Or l'affouage n'est pas attaché à un immeuble déterminé, mais bien à la qualité d'habitant d'une commune.

Est-ce un usufruit? Nous ne le pensons pas non plus. L'usufruiter a droit à tous les produits du fonds auquel il est attaché, tandis que l'affouagiste ne peut réclamer qu'une certaine quantité de bois. L'usufruitier ne perd pas ses droits par suite d'un changement de résidence, l'affouagiste, au contraire, perdrait les siens, dans une semblable occurrence.

Est-ce enfin un droit de copropriété? Nous répondrons encore négativement. Les bois communaux n'appartiennent pas en effet à chaque habitant, mais à la commune qui a une personnalité juridique.

On ne peut considérer non plus les affouagistes comme des associés, car il ne s'est pas formé de contrats entre eux, il n'y a pas d'apport social, ce serait plutôt des co-intéressés que des associés.

Quant à nous, partageant l'opinion d'un savant jurisconsulte, nous ne voyons dans ce droit, qu'un mode de jouissance, *sui generis*, des biens communaux.

Un mot, au point de vue historique :

Si nous nous reportons aux temps reculés, nous voyons que chaque habitant pouvait aller abattre lui-même dans les bois communaux tous les arbres qu'il jugeait nécessaires à ses besoins. Il devait seulement ne pas abuser de l'exercice de ce droit au préjudice des autres habitants. Au moyen-âge, les communes administraient leurs forêts et en distribuaient annuellement les produits aux habitants. A cette époque, l'autorité publique ne s'occupait pas du régime des forêts.

L'ordonnance de 1669 modifia en partie cet état de choses (1).

Le titre XXV de cette ordonnance restreignit le droit d'affouage.

Nous lisons dans l'article 2 : « Le quart des biens communaux sera réservé pour croître en futaie dans les meilleurs fonds et lieux plus commodes par triage, et désignation du grand-maître ou des officiers de la maîtrise, par son ordre. »

Les articles 4 et 6 ont trait aux droits des seigneurs. Ils sont ainsi conçus : « Si les bois étaient de la concession gratuite des seigneurs, sans charge d'aucun cens, redevance, prestation ou servitude, le tiers en pourra être distrait et séparé à leur profit, au cas qu'ils le demandent et que les deux autres suffisent pour l'usage de la paroisse, sinon le partage n'aura lieu, mais les seigneurs et habitants jouiront en commun comme auparavant..... Les seigneurs qui auront leurs triages ne pourront rien prétendre à la part des habitants, et n'y auront aucun droit d'usage, chauffage ou pâturage, pour eux, ni leurs fermiers, domestiques, chevaux et bestiaux. »

En 1724, le privilège des seigneurs fut diminué.

Les riches et les pauvres furent placés sur un pied d'égalité. On réserva seulement une double part aux seigneurs justiciers, ou, en leur absence, à leurs fermiers.

---

(1) L'ordonnance de 1669 n'a indiqué aucune règle à suivre, relativement à la distribution de l'affouage communal, à cet égard tout était régi par le droit coutumier. L'article 11 du titre XXV, de l'ordonnance portait : « Les coupes seront faites à tire et aire, à fleur de terre, par gens entendus choisis aux frais de la communauté, pour être ensuite distribuées suivant la coutume. » Au XVIIIe siècle, les ducs de Lorraine essayèrent d'introduire, en Lorraine, une règle générale quant à la distribution de l'affouage.

En 1792, le principe d'égalité est proclamé. Il s'applique à tous les biens. Le partage des biens communaux se fit par tête en 1793, et par feu en 1806.

L'article 105 du Code forestier maintint le partage par feu.

Cet article a été modifié par la loi du 25 juin 1874 et par celle du 23 novembre 1883.

Citons le nouveau texte de l'article 105, qui renferme les principales règles concernant l'affouage.

« S'il n'y a titre contraire, le partage de l'affouage, en ce qui concerne les bois de chauffage, se fera par feu, c'est-à-dire par chef de famille ou de maison ayant domicile réel et fixe dans la commune avant la publication du rôle. Sera considéré comme chef de famille ou de maison, tout individu possédant un ménage ou une habitation à feu distincte, soit qu'il y prépare la nourriture pour lui et les siens, soit que vivant avec d'autres à une table commune, il possède des propriétés divisées, qu'il exerce une industrie distincte ou qu'il ait des intérêts séparés. »

« En ce qui concerne les bois de construction, chaque année le conseil municipal dans sa session de mai, décidera s'ils doivent être en tout ou en partie vendus au profit de la caisse communale ou s'ils doivent être délivrés en nature.

Dans le premier cas, la vente aura lieu aux enchères publiques, par les soins de l'administration forestière ; dans le second, le partage aura lieu suivant les formes et le mode indiqué pour le bois de chauffage. Les usages contraires à ce mode de partage sont et demeurent abolis.

Les étrangers qui rempliront les conditions ci-dessus indiquées, ne pourront être appelés au partage qu'après avoir été autorisés, conformément à l'article 13 du Code civil, à établir leur domicile en France. »

Ce dernier paragraphe avait déjà été ajouté à l'article 105 de la loi de 1827, par la loi du 25 juin 1874.

Nous allons maintenant faire le commentaire de l'article 105, c'est-à-dire examiner les conditions requises pour avoir droit à l'affouage.

CHAPITRE II

Conditions nécessaires pour avoir droit à l'affouage.

Pour avoir droit à l'affouage, il faut : 1° Avoir un domicile réel et fixe dans la commune ; 2° Être chef de famille ou de maison : 3° Être inscrit sur le registre à ce destiné (1).

SECTION I

Avoir domicile réel et fixe dans la commune.

Qu'est-ce que le Code forestier entend par domicile réel et fixe ? Sur ce point, deux systèmes sont en présence.

D'après le premier, le domicile dont parle l'article 105 du Code forestier serait le même que celui de l'article 102 du Code civil qui, suivant ce texte, se trouve établi au lieu où la personne a son principal établissement.

Telle est l'opinion de Proudhon, Curasson, Migneret, Coin Delisle, Frédérich et Meaume (2).

Suivant Larzillière : « Le domicile de l'article 105 est, de l'avis de tous les auteurs, le domicile légal, tel qu'il est déterminé par le Code civil dans le titre III du livre premier. L'addition par le Code forestier des des mots réel et fixe n'est qu'une redondance qui

---

(1) L'habitant qui après avoir été admis à bénéficier des droits d'affouage, ne remplit plus les conditions exigées par la loi, cesse d'y avoir droit.

(2) MEAUME. *Commentaire. Code forestier.* n° 815.

n'ajoute rien à l'idée. D'ailleurs, ces expressions existent déjà dans le Code civil. « Le domicile s'établit, dit l'article 103, par le fait d'une habitation réelle dans une localité, jointe à l'intention d'y faire son principal établissement (1). »

Dans son *Manuel de l'Affouagiste*, M. Germain dit également que « la majorité des auteurs ne distingue plus le domicile affouagiste du domicile légal ordinaire (2).

Citons également dans ce sens un arrêt de la cour de Metz où nous lisons : « Attendu que de tout ce qui précède il y a lieu de conclure que le domicile dont parle l'article 105 du Code forestier, n'est autre que le domicile réel déterminé au titre III, livre 1er du Code civil (3). »

D'après le second système, ressuscitant une théorie ancienne, et que la jurisprudence dernière semble adopter, le domicile affouagiste serait un domicile spécial, différent du domicile général, de l'article 102 du Code civil.

Remarquons d'abord que l'existence de domiciles spéciaux, s'ajoutant au domicile réel est incontesté. Il n'y a donc aucune difficulté à ce qu'il y ait un domicile affouagiste à côté du domicile général. Nous pouvons citer en ce sens un arrêt du tribunal des conflits du 4 juillet 1896.

« Considérant, dit cet arrêt, qu'en matière d'affouage, l'article 105 du Code forestier, modifié par la loi du 23 novembre 1883, a établi des conditions qui, même pour le domicile, sont distinctes des règles de la loi civile ordinaire. »

---

(1) Larzillière, *Administration et jouissance des forêts communales*, p. 156.

(2) Germain, *Manuel de l'affouagiste*, p. 51.

(3) Metz 23 novembre 1863.

Citons également un arrêt de Besançon, du 30 décembre 1896, qui s'est approprié les expressions mêmes du Tribunal des conflits.

Nous croyons également qu'au point de vue doctrinal, des arguments sérieux peuvent être invoqués en faveur de cette seconde opinion. Nous pouvons dire, en nous appuyant sur l'autorité de M. de Raynal, avocat général à la Cour de cassation, « d'ailleurs il est certain que le domicile affouager n'est pas le domicile légal des articles 102 et suivants du Code civil, car une jurisprudence ou des usages constants accordent une part dans les affouages au fermier qui n'a pas perdu son domicile d'origine et qui, à l'expiration du bail en aura probablement un autre » (1).

Si d'un autre côté, on examine à fond, les expressions de l'article 105 du Code forestier on y découvre l'intention du législateur de distinguer le domicile affouagiste du domicile légal. En effet, s'il n'y avait pas de distinction entre les deux domiciles, si le domicile affouagiste était le domicile légal, le Code forestier aurait dit simplement « chef de famille ayant *son domicile* dans la commune », les mots réel et fixe, n'ajoutant rien à la notion du domicile légal. (C'est d'ailleurs ce que reconnaissent les partisans de l'opinion adverse, en considérant les mots réel et fixe comme une redondance.) S'il y a redondance, et par conséquent inutilité, la persistance du législateur est bien étonnante, car il l'a employée dans les trois rédactions successives, en 1827, en 1874 et en 1883.

L'argument des adversaires disant que l'article 103 du Code civil emploie également le mot réel n'a aucune valeur, car le Code civil ajoute cette épithète au mot habitation, tandis que l'article 105 du Code forestier l'ajoute au mot *domicile*. On conçoit très bien qu'une habitation

(1) Conclusions de M. de Raynal, arrêt du 31 décembre 1862.

soit réelle, ou qu'elle ne le soit pas, mais on ne conçoit pas qu'un domicile soit réel ou ne le soit pas. En effet, on a un domicile dans un lieu, ou on n'en a pas, rien de plus.

Nous pouvons donc en conclure que le domicile de l'article 105 du Code forestier est un domicile spécial, le domicile affouagiste résultant d'une *résidence réelle et fixe* dans la commune affouagère; c'est-à-dire d'une résidence effective et permanente. C'est encore ce que dit fort bien M. de Raynal, auquel nous sommes heureux d'emprunter une autre partie de ses conclusions :

« D'un autre côté, ce que l'article 105 exige, c'est non pas le domicile légal tel que le dépeint le Code civil, c'est un domicile réel et fixe. Or, pourquoi ces deux épithètes? N'ont-elles pas pour but d'indiquer que la condition imposée par la loi, n'est autre chose qu'une résidence prolongée certaine et sérieuse, à l'exclusion même du domicile légal qui, s'il n'était pas accompagné de cette résidence, ne pourrait conférer aucun droit (1).

L'avocat qui a rédigé le pourvoi dans cette affaire, nous paraît avoir trouvé une expression juste lorsqu'il a dit :

« Il résulte d'ailleurs des termes mêmes de l'article 105 du Code forestier, que c'est à la résidence et au domicile de consommation, plutôt qu'au domicile purement civil, qu'il faut s'attacher pour savoir si un individu peut, ou non, prétendre à la distribution des coupes affouagères ».

La jurisprudence nouvelle nous paraît donc entrer dans une voie préférable à celle de l'ancienne (2).

Examinons maintenant diverses espèces, en nous

(1) M. DE RAYNAL, *Conclusions*. (Arrêt du 31 décembre 1862.)

(2) Voir dans ce même sens la note qui suit l'arrêt du tribunal des conflits, ou nous lisons : « Depuis la loi de 1883, tout au moins, il existe, suivant l'expression du ministre de l'intérieur, un domicile affouagiste distinct du domicile réel.

rappelant ce principe que, pour avoir droit à l'affouage, il faut avoir un domicile réel, fixe et distinct.

Quel est le domicile de la femme mariée? Celui de son mari, conformément à l'article 108 du Code civil

Quid de la femme, divorcée, séparée de corps? Elle a un domicile distinct de celui de son mari, qui lui donne droit à l'affouage (1).

Quant à la femme séparée seulement de fait ou de biens, elle a toujours pour domicile légal celui de son mari.

Lorsque le mari est interdit, la femme a droit de choisir un domicile séparé. Elle a donc droit à l'affouage. C'est en ce sens que se sont prononcés Aubry et Rau.

« Le domicile de droit que la loi attribue à la femme mariée cesse par l'interdiction du mari, en ce sens du moins que la femme recouvre le droit de se choisir un domicile, peu importe que la tutelle de son mari interdit, lui ait ou non été confiée (2).

Le mineur non émancipé est domicilié chez ses père et mère, ou chez son tuteur. Le majeur interdit, chez son tuteur (3).

Quid des gens de service et des domestiques? Ils sont domiciliés chez leurs maîtres, ils n'ont donc pas droit à l'affouage, à moins qu'ils n'aient un ménage séparé de celui de leurs maîtres.

Quant aux vignerons, métayers, jardiniers, journaliers, ils ne sont pas domiciliés chez la personne pour laquelle ils travaillent.

Quid des ouvriers travaillant dans une manufacture et y demeurant? D'après Meaume, ce sont de véritables domestiques.

(1) Depuis la loi du 5 février 1893, la femme séparée de corps, cesse d'avoir pour domicile légal, celui de son mari.

(2) Aubry et Rau. tome I, n° 143.

(3) Nous verrons plus loin que cette règle peut être modifiée dans certains cas.

Ils ont donc le même domicile que leurs maîtres.

Nous ne sommes pas de cet avis et pensons, comme Larzillière, que rien n'est plus juste que d'attribuer à ces ouvriers une part affouagère, s'ils ont un ménage distinct et s'ils sont domiciliés dans la commune (1). (Ce qui nous confirme dans notre opinion que le domicile affouager est bien le domicile de consommation).

Quant aux fonctionnaires publics, les uns sont inamovibles, les autres amovibles. Les premiers acquièrent, par le fait même de leur acceptation, leur domicile dans la commune où ils ont été nommés.

Les seconds ne sont domiciliés dans la commune où ils sont nommés que du jour où ils y ont transféré leur domicile, conformément à l'article 106 du Code civil.

En général, les militaires ne peuvent être considérés comme ayant leur domicile dans la ville où se trouve leur régiment.

En est-il de même des gendarmes et des douaniers? Migneret pense que le caractère militaire est dominant chez les gendarmes, il leur refuse donc le droit à l'affouage. Cette théorie ne nous paraît pas juste. Si le gendarme fait partie de l'armée, il n'est cependant pas soumis d'une manière absolue aux dispositions légales applicables aux militaires en activité de service.

Larzillière est d'avis « que la solution doit varier suivant les circonstances et qu'il faut, dans chaque espèce examiner, d'après les faits de la cause, si le gendarme ou le douanier tient réellement ménage, et, d'après les règles du Code civil, s'il est domicilié dans la commune où se fait la distribution (2) ».

La jurisprudence tend à considérer aujourd'hui les gendarmes comme domiciliés dans la commune et

(1) Larzillière, p. 165.
(2) Larzillière, p. 164, *Administration et jouissance des forêts communales.*

ayant, par suite, droit à l'affouage. Citons, à titre d'exemple, l'arrêt de la cour de Dijon, du 19 février 1873 :

« Considérant qu'aux termes de l'article 105 du Code forestier, les bois d'affouage se distribuent par feux, c'est-à-dire par chef de famille ou de maison ayant un domicile réel et fixe dans la commune. Considérant que, si le corps de gendarmerie fait partie intégrante de l'armée, les dispositions générales des lois militaires ne lui sont cependant applicables qu'avec les modifications et les exceptions que nécessitent son organisation et la nature même de son service. Que les brigades de gendarmerie sont établies d'une manière permanente dans les communes chefs-lieux des circonscriptions, que leur service est sédentaire, et que, mariés pour la plupart, et obligés de pourvoir aux besoins d'une famille, ils peuvent se créer un domicile fixe et réel. Que sans doute l'acceptation de fonctions publiques révocables n'emporte pas comme les fonctions confiées à vie, la translation immédiate et de plein droit du domicile au lieu où le titulaire est appelé à les remplir, mais qu'il n'en est pas moins vrai, qu'il ne conserve son domicile antérieur ou d'origine que lorsqu'il n'a manifesté aucune intention contraire, que tout changement de domicile s'opère par le fait d'une habitation réelle, jointe à l'intention d'y faire son principal établissement, et qu'à défaut de déclaration expresse l'intention dépend des circonstances ; qu'en transportant à X... leurs familles, leurs intérêts et non seulement leur principal, mais leur unique établissement, les intéressés ont publiquement révélé leur volonté, et qu'on ne peut, sans y porter atteinte, leur attribuer un domicile de droit, qu'ils ont abandonné sans espoir de retour, qu'il ressort de l'ensemble de ces circonstances que les gendarmes de X... remplissent les conditions prescrites par l'article 105, Code forestier. » (19 février 1873. Cour de Dijon.)

Est-il nécessaire de payer une contribution pour avoir droit à l'affouage? La question fut soulevée au moment de la préparation du Code forestier. Mais il fut décidé que ce n'était pas nécessaire, ce qui nous paraît fort juste. Les habitants malheureux ont, en effet, plus droit à l'affouage que ceux qui n'en ont pas un besoin absolu. Leur pauvreté les rend plus dignes d'intérêt que les autres.

Nous avons établi que le domicile affouagiste résultait d'une résidence permanente. Doit-on exiger que cette résidence ait duré un certain temps, un an et un jour, par exemple?

L'article 105 du Code forestier n'exige aucun temps de résidence. Or, quand le législateur impose un certain temps de résidence, il prend soin de le dire. Nous en avons la preuve dans l'article 76 du Code civil. « Le domicile, dit cet article, s'établit par six mois d'habitation continue dans la même commune. » Ici rien de semblable. Le silence gardé par le législateur indique donc que le domicile affouager est acquis de suite.

A quelle époque faut-il être domicilié dans la commune pour avoir droit à l'affouage de l'année?

Cette question était fort discutée avant la nouvelle rédaction de l'article 105 du Code forestier. Rien, en effet, n'avait été précisé à cet égard. Mais aujourd'hui aucune discussion ne nous paraît possible.

Que dit le nouveau texte de l'article 105? « Le partage de l'affouage, en ce qui concerne le bois de chauffage, se fera par feu, c'est-à-dire par chef de famille ou de maison, ayant domicile réel et fixe dans la commune, avant la publication du rôle (1). » Le texte est parfaitement clair. Il pose en principe qu'il

(1) Il s'agit du rôle provisoire qui seul est publié.

faut être domicilié dans la commune avant la publication du rôle pour avoir droit à l'affouage, et met fin aux anciennes controverses sur ce point. »

Lorsque les affouagistes ont justifié de leurs droits avant la publication du rôle, ils acquièrent un droit irrévocable à l'affouage.

SECTION II

Être chef de famille ou de maison.

Quelle est la pensée de la loi? Le partage, dit-elle, se fait par feu, voilà l'expression principale dont le reste du texte n'est que le développement. Il faut donc, avant tout, compter le nombre des feux distincts existant dans la commune affouagère. Une fois la liste des feux déterminée, qui aura droit de réclamer la part qui lui est attribuée? Une seule personne, celle que la loi désigne par les mots « chef de famille ou de maison, c'est-à-dire celle qui, au moment du partage, dirige réellement les affaires de la maison ».

Expliquons maintenant le sens des expressions légales de chef de famille ou de maison. L'ancien texte de l'article 105 s'arrêtait, quant à la question qui nous occupe, aux mots chef de famille ou de maison, et le législateur n'exprimait pas ce qu'il entendait par là. L'article 105 nouveau, celui de la loi du 23 novembre 1883, a comblé cette lacune en définissant les mots chef de famille ou de maison. Cette définition légale n'a pas mis fin aux difficultés et aux procès, faute peut-être d'être bien comprise et surtout faute d'être analysée avec méthode. Qu'est-ce donc, d'après le nouveau texte, que le chef de famille ou de maison? Suppléons d'abord à une première lacune du texte en disant que

nul ne peut être considéré comme chef de famille ou
de maison s'il n'a pas son indépendance juridique.

Quand ce premier point sera établi, nous reviendrons
à la définition légale : Le chef de famille ou de
maison est « tout individu possédant un ménage ou une
habitation à feu distincte » (1).

Il en résulte donc que toute personne indépendante,
ayant un ménage ou une habitation à feu distincte, a
droit à l'affouage. Le législateur de 1883 aurait pu s'en
tenir là. Mais il a soulevé une objection indispensable
à résoudre : Le fait que l'individu ayant ménage ou
habitation distincte vit avec d'autres à une table commune lui enlève-t-il son droit à l'affouage? En un
mot, la condition de ne pas vivre à une table commune
est-elle une troisième condition nécessaire du droit à
l'affouage ?

Le législateur a répondu par une distinction. En
principe, le fait de vivre avec d'autres à une table
commune est exclusif du droit à l'affouage, mais
exceptionnellement ce droit est accordé à celui qui,
vivant à une table commune, « possède des propriétés
divisées, exerce une industrie distincte ou a des intérêts séparés ».

Précisons la définition des mots chef de famille ou
de maison.

La première condition est l'indépendance juridique
de la personne qui réclame ce titre. Il n'y a pas de
chef de famille ou de maison sans cette indépendance.

Nous pouvons rapprocher cette expression : Chef de
famille de l'expression romaine : *Pater familias :*

« *Pater autem familias appellatur qui in domo*

(1) Les droits des chefs de maison (célibataires de l'un ou de
l'autre sexe) sont les mêmes que ceux des hommes mariés, appelés chefs de famille. Afin d'écarter toute discussion a ce sujet, le
égislateur a introduit dans la loi le titre de chef de maison. C'est
ainsi que le curé de la paroisse a droit à l'affouage, en qualité de
chef de maison.

dominium habet, recte que hoc nomine appellatur quamvis filium non habeat, non enim solam personam ejus, sed et jus demonstramus (1) ».

Le chef de famille affouagiste est donc celui que les Romains auraient appelé un *Pater-familias*, en un mot un *Sui Juris*.

Donnons maintenant des exemples : La femme mariée a-t-elle cette indépendance nécessaire pour fonder le droit à l'affouage ? En principe, non, tant que dure le mariage, sauf le cas où la séparation de corps est prononcée, car elle a alors un ménage à elle, distinct de celui du mari. Elle est chef de maison et participe à l'affouage. Cette solution est d'autant plus certaine aujourd'hui que la loi du 6 février 1893 (Code civil, art. 311) lui accorde la pleine capacité juridique.

Bien entendu après la prononciation du divorce ou la mort du mari, la question ne peut plus se soulever, la femme est indépendante.

Quid du mineur et de l'interdit ? à l'égard de l'interdit, il garde son indépendance juridique. Ce n'est pas la jouissance de ses droits, qui lui enlève l'interdiction, mais bien l'exercice, qui est confié au tuteur. En conséquence, si l'interdit a un ménage distinct de celui de son tuteur, il participe à l'affouage.

Si nous refusons ce droit à l'interdit vivant chez son tuteur, ce n'est pas parce qu'il est moins indépendant que l'autre, mais parce qu'il n'a pas de ménage distinct.

Le mineur émancipé est indépendant et a droit à l'affouage, s'il a un domicile distinct.

Quant au mineur non émancipé, deux cas peuvent se présenter :

Est-il en puissance paternelle ? Dans ce cas il n'est pas indépendant et n'a pas droit à l'affouage.

(1) *De Verborum, significatione*, Livre L, Titre xvi, Loi 195, § 2.

Est-il orphelin de père ou de mère ? Il est indépendant et a droit à l'affouage, s'il a un domicile distinct.

Quid les domestiques et les serviteurs ? Ils sont indépendants, tout en vivant chez leurs maîtres, car la loi française ne reconnaît plus d'*alieni juris*. A ce point de vue ils ont droit à l'affouage. Mais il faut qu'ils aient un domicile distinct. Parmi eux il en est qui ont ce domicile distinct, soit chez leurs maîtres, soit au dehors. Tels sont les vignerons, les jardiniers, les ouvriers d'usine. Ils ont droit à l'affouage ; quant aux autres domestiques, ils n'y ont pas droit. Cette solution est applicable aux personnes exerçant une profession libérale, servant dans la maison, tels que des secrétaires, précepteurs ou aumôniers.

Restent les gendarmes, gardes-forestiers et douaniers. Ils sont également indépendants. Lorsqu'ils habitent une commune affouagère, ils ont donc droit à l'affouage, s'ils ont un ménage distinct. A l'égard des douaniers, M. Germain fait une remarque qui nous paraît très juste. D'après lui, les douaniers ont droit à l'affouage s'ils ont un ménage ou une habitation à feu distincte dans la commune affouagère, mais s'ils sont célibataires et qu'ils vivent entièrement casernés, « logés dans la même chambrée où il n'y a qu'un seul feu, ils doivent être alors assimilés aux soldats, et n'avoir pas droit à l'affouage (1). »

Abordons maintenant la seconde condition :

Posséder un ménage ou une habitation à feu distincte. Quand en sera-t-il ainsi ? C'est une question de fait, et non une question de droit, à résoudre, selon les circonstances.

Un secrétaire habitant dans un pavillon, séparé de l'habitation du maître de la maison, où il est servi par

____

(1) GERMAIN, *Manuel de l'affouagiste*, p. 94.

un domestique qui lui appartient, a son ménage, et son habitation distincte. Il a donc droit à l'affouage.

Le tribunal de Saint-Claude (1) a déclaré qu'il n'y avait pas de logement distinct donnant droit à l'affouage, lorsqu'un individu, ayant une chambre séparée chez son frère, devait passer par toutes les autres chambres de la maison pour se rendre dans la sienne. Nous pensons, au contraire, que le logement reste distinct quelle que soit la difficulté qu'on puisse avoir pour y arriver.

Quant au père de famille qui loge chez ses enfants et vit avec eux, sans avoir un logement distinct, il n'a pas droit à l'affouage. Il en serait de même du fils majeur et marié, vivant chez ses parents sans avoir de logement distinct.

Troisième condition. — L'individu indépendant qui a un ménage ou une habitation distincte a en principe droit à l'affouage. Tel est le résumé des deux conditions précédentes. Sera-t-il privé de ce droit parce qu'il vivra avec d'autres à une table commune? Oui, en principe. Il aura cependant droit exceptionnellement à l'affouage, tout en vivant à une table commune, s'il a des propriétés divisées, s'il exerce une industrie distincte, ou s'il a des intérêts séparés.

En résumé, l'individu qui vit à sa propre table (qui prépare la nourriture pour lui et les siens) a droit à l'affouage s'il réunit les deux conditions suivantes : l'indépendance qui constitue le chef de famille ou de maison, et le ménage ou le logement distinct.

Quant à celui qui vit à la table d'autrui, trois conditions sont nécessaires : l'indépendance, le logement distinct et, en plus, un des trois faits visés par l'article 105, avoir des propriétés divisées, ou des intérêts séparés, ou exercer une industrie distincte.

(1) Tribunal de Saint-Claude, 7 juin 1893.

Pour avoir ce qu'on appelle des propriétés divisées, il faut avoir des propriétés immobilières. Quant à l'industrie distincte, elle doit s'entendre dans son sens ordinaire : c'est-à-dire une industrie agricole, commerciale ou manufacturière.

Enfin, dit M. Germain, sous l'expression « intérêts séparés », le législateur a voulu comprendre d'une manière générale tout fait qui établit, entre deux personnes vivant à la même table, des avantages particuliers à chacune d'elles, ou qui crée quelque bénéfice spécial à l'une seulement (1). Citons comme exemple l'individu exerçant une profession libérale, ou celui qui tient en location certains immeubles (2).

Avant d'aborder la troisième condition nécessaire pour avoir droit à l'affouage, nous croyons utile de dire un mot de la situation de l'étranger, et de celle des habitants d'une commune affouagère dans le cas où la circonscription de cette commune serait changée. L'ancien texte de l'article 105 du Code forestier était muet à l'égard de l'étranger. On se demandait si la qualité de Français était nécessaire ou non pour avoir droit à l'affouage. Plusieurs systèmes se produisirent sur ce point. Dans le premier, l'étranger domicilié dans une commune affouagère avait droit à l'affouage comme un Français ; dans le second, le Français et l'étranger naturalisé y avaient seuls droit ; dans un troisième système, l'étranger y avait droit comme le Français, quand il était autorisé à établir son domicile en France.

La loi du 25 juin 1874 mit fin à ces controverses.

---

(1) GERMAIN, *Manuel de l'affouagiste*, p. 103.

(2) Indiquons une dérogation à la règle que l'affouage n'est dû qu'à un chef de famille particulier. Certains règlements permettent à l'administration municipale de prélever sur les coupes affouagères le bois nécessaire au chauffage des établissements consacrés à un service communal. GERMAIN, *Manuel de l'affouagiste*, p. 158.

Le nouvel article 105, modifié par cette loi, portait :

« L'étranger qui remplira ces conditions (celles d'aptitude exigées par l'article 105), ne pourra être appelé au partage, qu'après avoir été autorisé, conformément à l'article 13 du Code civil, à établir son domicile en France. »

Ces dispositions ont été maintenues par la loi du 23 novembre 1883. Ce texte forme aujourd'hui le dernier paragraphe de l'article 105 actuel, c'est-à-dire, de l'ancien article, modifié par les lois des 25 juin 1874, et 23 novembre 1883.

Aujourd'hui l'étranger non autorisé par le gouvernement à fixer son domicile en France, ne peut prétendre à avoir sa part d'affouage, tandis que celui qui a été autorisé, a les mêmes droits civils qu'un Français, et peut réclamer, comme les autres habitants de la commune affouagère, sa part d'affouage.

Depuis la loi du 26 juin 1889, si l'effet de l'autorisation a cessé par suite du défaut de demande de naturalisation dans les cinq ans, par l'étranger, ou par le rejet de sa demande de naturalisation, celui-ci sera rayé du rôle de l'affouage. Si l'étranger autorisé, meurt avant d'avoir obtenu la naturalisation, son autorisation et le temps de stage qui a suivi, profiteront à sa femme et à ses enfants qui étaient mineurs au moment du décret d'autorisation. Ceux-ci continueront à participer à l'affouage, s'ils remplissent les conditions générales indiquées par l'article 105 du Code forestier.

Certains changements peuvent être apportés à la circonscription d'une commune.

« En principe, dit M. Germain, il est uniformément admis que les réunions ou distractions de commune ne portent aucune atteinte aux droits de propriété ou de jouissance des communes réunies ou séparées, de même que la réunion d'une section à une commune ne fait

acquérir à la section aucun droit sur les biens de même
nature qui appartenaient à cette commune (1). »

Si deux communes sont réunies en une seule, le
droit des habitants n'est pas changé. Conformément aux
lois du 18 juillet 1837 et 5 avril 1884, les habitants d'une
commune réunie à une autre conserveront la jouissance
exclusive des biens dont les fruits étaient distribués en
nature à ses habitants. Chaque commune, par suite,
distribuera entre ses habitants, et entre eux seulement,
le produit de ses bois, comme elle le faisait auparavant.
Il en sera de même si une section est détachée d'une
commune pour en constituer soit une nouvelle, soit
une section d'une autre commune.

M. Germain admet que, lorsqu'un hameau ou un
grand domaine sont distraits d'une commune et réunis
à une autre, ces hameaux ou domaines conservent
leurs droits sur les bois de la commune dont ils sont
séparés, mais à condition qu'ils aient des droits pri-
vatifs de propriété sur lesdits bois. Il en serait de
même, pensons-nous, s'il s'agissait d'une ferme détachée d'une commune et réunie à une autre, mais aux
mêmes conditions, bien entendu. Ces hameaux et
domaines ne peuvent, d'ailleurs, prétendre obtenir
aucune délivrance de bois dans la commune à laquelle
ils sont réunis

SECTION III

Être inscrit sur le rôle de l'affouage.

Il faut, pour prendre part à la répartition de l'affouage,
être inscrit sur le rôle de l'affouage.

Chaque année, le maire de la commune affouagère
dresse une liste des habitants qui ont droit à l'affouage.
Cette liste provisoire est affichée aussitôt après la session de mai, jusqu'au 15 septembre. Si ce travail donne

---

(1) GERMAIN, *Manuel de l'affouagiste.* p. 63.

lieu à des réclamations, celles-ci sont soumises au conseil municipal, le conseil les examine et y fait droit ou les rejette, selon qu'elles lui paraissent bien ou mal fondées.

La liste provisoire est ensuite close. Une nouvelle liste est alors dressée et remise au préfet, qui la rend exécutoire ou l'annule, selon les circonstances.

Jusqu'à quel moment les réclamations des habitants de ces communes sont-elles recevables?

Sur ce point plusieurs systèmes sont en présence? Dans un premier, les réclamations doivent être faites avant la publication du rôle. On peut le critiquer justement. En effet, la liste provisoire étant instituée pour permettre aux intéressés de faire leurs réclamations, on ne s'explique pas que ces derniers soient déchus de ce droit après la publication du rôle provisoire. Meaume est de cet avis que nous partageons.

« On a prétendu, dit-il, que toute participation à l'affouage devait être refusée à celui qui réclamait après la publication de la liste affouagère. Mais la publication étant faite précisément pour appeler les réclamations des intéressés qui n'y auraient pas été compris, il est évident que l'époque de cette publication, d'ailleurs assez incertaine, ne peut avoir pour effet d'exclure un habitant, alors que les proportions du partage ne sont pas encore définitives (1). »

Dans un second système, les habitants ne peuvent réclamer utilement que jusqu'à la clôture de la liste par le maire. Telle est l'opinion de Migneret. « A notre avis, dit-il, c'est soit avant la confection de la liste, soit pendant qu'elle est affichée que les réclamations qu'elle provoque, doivent être adressées par les réclamants à l'autorité locale ou supérieure, et toute réclamation formulée après la clôture définitive de la liste,

____

(1) Meaume, *Commentaire, Code forestier*, n° 816.

doit être repoussée comme tardive, soit par les tribunaux, soit par l'administration (1). » Si ce système était admis, la nécessité de l'approbation préfectorale deviendrait inutile, puisqu'il ne serait plus possible de réclamer après la clôture de la liste par le maire.

Les partisans du troisième système soutiennent que les réclamations des habitants peuvent se produire utilement jusqu'à la distribution effective de l'affouage.

Mais alors, peut-on répondre, à quoi serviraient toutes les formalités exigées par la loi, antérieurement au partage, pour déterminer et fixer les droits des habitants, si ces derniers pouvaient les rendre inutiles par des réclamations faites aussi tardivement.

Un quatrième système, soutenu par Larzillière, nous paraît préférable. Il consiste à prétendre que les habitants ont le droit de réclamer utilement, jusqu'au moment où le rôle a été rendu exécutoire par l'approbation du préfet. Ce système répond au vœu du législateur, en permettant aux réclamations de se produire, jusqu'au moment où la liste affouagère est devenue irrévocable. C'est justement, en effet, l'approbation du préfet qui rend le rôle exécutoire et irrévocable.

Jusque là, dit Larzillière, il n'y a qu'un simple projet, tandis qu'à partir de cette époque, la liste devient exécutoire, aux termes même de la loi, ce qui implique qu'elle est définitive et irrévocable (2).

(1) Migneret, *Traité de l'affouage*, n° 189.
(2) Larzillière, *Administration des forêts communales*, p. 180.

CHAPITRE III

Taxes affouagères.

Les conseils municipaux dressent, comme nous l'avons dit, la liste affouagère. Ils sont ensuite appelés à régler les dépenses relatives à l'exploitation des coupes, au façonnage et à la répartition de leurs produits entre les affouagistes.

Pour recouvrer ces différents frais, la loi les autorise à vendre une partie des produits de la coupe (1). Dans la pratique, les conseils municipaux ne recourent pas à ce moyen et préfèrent répartir entre les affouagistes les frais occasionnés par l'exploitation des bois, proportionnellement à la part que chacun d'eux est appelé à recevoir, ce qui constitue la taxe affouagère. Cette répartition se fait en même temps que la liste dont nous avons parlé. Lorsque cet état a été dressé par le conseil municipal, il est envoyé au préfet, qui l'examine et l'approuve, s'il lui paraît régulièrement fait.

A quoi le montant des taxes est-il destiné ? A couvrir les frais d'exploitation. Il ne doit donc pas être plus élevé. En réalité les choses ne se passent pas ainsi. Les communes augmentent souvent l'importance des taxes pour se procurer des ressources. Cette manière d'agir nous paraît très critiquable (2). Les taxes ne sont en effet établies que pour couvrir les frais occasionnés par l'exploitation, et non pas pour créer des ressources aux communes. Le Conseil d'État a cependant approuvé cette manière de faire. Il permet

(1) Article 109 du Code forestier.
(2) Les communes pauvres agissent presque toujours ainsi.

aux municipalité d'élever les taxes à une somme supérieure à ce qu'elles doivent représenter, pour causes graves, dans l'intérêt des communes et sous l'approbation de l'autorité compétente.

Les préfets doivent veiller à ce que ces taxes ne soient pas trop exagérées et qu'elles ne soient admises que pour des raisons sérieuses.

Les parties intéressées sont tenues de formuler leur réclamations avant la clôture de l'approbation du rôle. Elles sont examinées par les conseils municipaux, puis par les conseils de préfecture, qui sont appelés à statuer à leur égard, les taxes d'affouage étant assimilées par l'article 44 de la loi de 1837 aux contributions publiques (1).

Lorsque le rôle est approuvé, il est transmis au receveur municipal par l'intermédiaire du receveur des finances de l'arrondissement. Le receveur municipal délivre à chaque affouagiste un extrait indiquant le délai dans lequel la taxe doit être payée. Ce délai a été fixé par l'arrêté d'homologation. Chaque affouagiste est tenu de payer le montant de la taxe avant de se mettre en possession de son lot. L'entrepreneur des coupes doit y veiller et dresser procès-verbal contre les contrevenants.

Lorsqu'un affouagiste ne paye pas ce qu'il doit dans le délai imparti par l'administration, la commune vend sa part d'affouage. Si le produit de la vente de cette portion de la coupe affouagère dépasse le montant de la taxe, à qui le surplus appartient-il ? D'après Migneret, à l'affouagiste. Telle est aussi l'opinion de M. Germain, qui s'exprime ainsi : « L'équité s'oppose à ce que la commune s'enrichisse au détriment de l'affouagiste pauvre qui se serait trouvé dans l'impossibilité d'acquitter la somme fixée pour obtenir la délivrance de son lot (2). »

(1) Larzillière, *Administration des forêts communales*, p. 189.
(2) Germain, *Manuel de l'affouagiste*, p. 135.

Larzillière est d'un avis différent.

« Cette opinion, dit-il, est fort contestable. Il est difficile de supposer qu'un habitant ayant feu et ménage ne puisse se procurer la somme nécessaire pour payer la taxe affouagère; quand il n'enlève pas sa portion, c'est le plus souvent à dessein ou par négligence : dans l'un comme dans l'autre cas, il n'est que juste de le déclarer déchu de tout droit au bois d'affouage (1). »

La première opinion nous paraît préférable. Qu'a voulu le législateur? Que la commune fût indemnisée de ses frais d'exploitation. Si tous les frais sont payés, pourquoi confisquer alors, au profit de la commune, la portion d'affouage qui n'a pas été nécessaire pour couvrir les frais. Ce serait, suivant nous, ajouter à la loi et prononcer une peine qu'elle n'a pas édictée (2).

(1) LARZILLIÈRE, *Administration des forêts communales*, p. 191.

(2) Certains affouagistes renoncent à leur part, trouvant la taxe trop élevée. Il arrive quelquefois, dans ce cas. que d'autres affouagistes prennent cette part en payant la taxe.

CHAPITRE IV

Du mode de partage entre les affouagistes.

Comment le partage se fait-il entre les affouagistes?

L'article 105 du Code forestier était ainsi conçu : « S'il n'y a titre ou usage contraire, le partage des bois d'affouage se fera par feu. » Ce texte a été modifié par la loi du 23 novembre 1883. « S'il n'y a titre contraire, le partage de l'affouage, en ce qui concerne les bois de chauffage, se fera par feu. »

Le partage par feu est toujours la règle. Mais, avant la loi du 23 novembre 1883, il existait deux dérogations à cette règle, l'usage et le titre contraire. Depuis la nouvelle loi, il n'est plus question d'usage. La seule exception au partage par feu résulte du titre contraire.

Nous ne nous arrêterons donc pas longuement sur l'usage, n'ayant à traiter cette question qu'au point de vue historique.

La loi n'ayant pas indiqué en quoi consistait l'usage, c'était un point abandonné à l'appréciation des tribunaux, qui statuaient à cet égard d'une manière souveraine. Leur décision ne pouvait être déférée à la Cour de cassation.

Tout ce qu'on pouvait dire c'est qu'un usage ne devait être considéré comme existant et obligatoire qu'autant que les faits par lesquels il se révélait, étaient la conséquence, non d'une simple situation de fait, mais d'un véritable droit.

Etait-il nécessaire, pour qu'un usage fût suivi en matière d'affouage, qu'il eût été en vigueur au moment de la promulgation du Code forestier?

Cette question était fort débattue, Meaume se prononçait en faveur de l'affirmative. Curasson et Migneret étaient pour la négative.

« Suivant nous, disait Meaume, la commission n'a entendu prononcer, et la Chambre adopter que, le maintien des usages qui se seraient conservés sans interruption jusqu'en 1827, en maintenant à l'égard des usages abandonnés depuis l'an II, ou depuis 1808, l'abolition prononcée par les lois de cette époque. » Et, plus loin, le même auteur ajoute : « Que dit le texte de l'article 105 ? s'il n'y a titre ou usage contraire, il ne dit pas s'il n'y a eu, il parle d'une chose actuelle et non d'une chose passée (1). »

Migneret, qui est d'un avis opposé, s'exprime ainsi : « Lors de la promulgation du Code forestier, les usages anciens étaient abrogés ou en vigueur. S'ils étaient abrogés, ils ne pouvaient plus être suivis, par suite la loi qui remit en 1827 les usages en vigueur, ou fit une chose ridicule en maintenant ce qui n'existait pas, ou appela les anciens usages à régler l'affouage pour les localités où ils seraient constatés ; si, au contraire, les anciens usages n'étaient pas abrogés, ils restaient la règle légale des communes, et alors le gouvernement, qui contraignait à les abandonner, faisait abus de sa force, or, comme la force ne prévaut pas contre le droit, du moment où, par l'effet de la loi de 1827, cet abus de la force a cessé, ils ont repris en fait l'autorité qu'il n'avaient pas perdu en droit (2). » Bien que les arguments présentés dans les deux systèmes soient très sérieux, l'opinion de Meaume nous paraît la meilleure. Elle est plus en harmonie avec le texte, et plus conforme à la volonté manifestée par le législateur, d'admettre aussi rarement que possible une exception à la règle générale de la répartition de l'affouage, par feu.

Mais, n'insistons pas plus longtemps sur les usages,

---

(1) MEAUME, *Commentaire, Code forestier*, n° 778.
(2) MIGNERET, *Traité de l'affouage*, n° 101.

cette question ne présentant plus maintenant d'intérêt pratique.

Revenons aux titres contraires, seule dérogation existant aujourd'hui, à la répartition de l'affouage par feu.

De quels titres s'agit-il dans l'article 105? Evidemment des titres antérieurs à la Révolution.

Depuis cette époque, en effet, la répartition de l'affouage se fait d'une manière uniforme, par feu. Il en était autrement jadis. Cette matière était alors réglementée par des édits du roi, des arrêts des Parlements, ou des ordonnances des grands-maîtres, ce qui occasionnait une grande diversité dans le mode de partage de l'affouage.

Ces titres doivent, quant à leur forme, remplir les conditions exigées par les articles 1334 et suivants du Code civil (1).

Les titres prescrivant un mode de partage différent du partage par feu, sont les seuls qui puissent être invoqués utilement par ceux qui prétendent exercer leurs droits à l'affouage, sans se conformer aux prescriptions de l'article 105 du Code forestier.

C'est ce que dit M. Germain : « En résumé, on doit considérer, comme faisant seuls échec à la loi, les titres qui consacrent d'une manière formelle, un mode de partage différent du partage par feu. Tous les autres titres, quels qu'ils soient, sont indistinctement abolis, et ne peuvent modifier les règles établies par l'article 105 du Code forestier (2). »

S'agit-il des titres légaux ou réglementaires, ou des titres conventionnels? Cette question divise les auteurs. Suivant Meaume, Curasson, Migneret, Larzillière, il ne s'agit que des titres légaux et réglementaires. On ne peut admettre, d'après eux, qu'une convention lie non seulement les habitants d'une commune qui l'ont faite, mais

---

(1) MEAUME, *Commentaire, Code forestier*, n° 772.
(2) GERMAIN, *Manuel de l'affouagiste*, p. 179.

encore tous ceux qui viendront plus tard habiter cette
même commune.

« Le Code forestier, dit Meaume, n'a pas défini ce
qu'il entend par titres, dans l'article 105, mais il est
évident qu'il ne peut s'agir ici d'un titre convention-
nel, on ne doit entendre ici par titres que des actes
de l'autorité publique qui avaient autrefois les carac-
tères des actes de tutelle administrative. Tels étaient
pour la Lorraine, les édits des 31 janvier et 13 juin
1724 et, pour la Franche-Comté, l'édit du 19 août 1766,
relatif aux trente-six paroisses riveraines de la forêt
de Chaux, ou, dans un grand nombre de provinces, des
arrêts de règlements émanés des Cours souveraines,
déterminant pour toute l'étendue de leur ressort,
avant la Révolution de 1789, le mode de distribution
de l'affouage (1). »

Larzillière est non moins formel. « Il est évident,
dit-il, qu'il ne peut s'agir de titres conventionnels, car,
comme on l'a fait justement observer, une convention
entre les habitants d'une commune, ou entre ces habitants et la commune elle-même, pour la jouissance
des communaux, est évidemment chose impossible (2). »

D'après Guyétant, il ne saurait être question, au
contraire, que des titres conventionnels. Il invoque à
l'appui de son système l'article 18 du Code forestier,
ainsi conçu : « Sont et demeurent abrogés, pour l'avenir, toutes lois, ordonnances, édits et déclarations,
arrêts du Conseil, arrêtés et décrets et tous règlements intervenus, à quelque époque que ce soit, sur
les matières réglées par le présent Code, en tout ce
qui concerne les forêts. »

M. Germain est d'avis que les mots titres contraires
comprennent tous les titres, qu'ils soient conventionnels, légaux ou réglementaires.

(1) MEAUME, *Commentaire, Code forestier*, n° 771.
(2) LARZILLIÈRE, *Administration des forêts communales*, p. 170.

Il fait remarquer qu'il existe des titres conventionnels parfaitement valables à l'égard des successeurs des contractants, et cite, à l'appui de sa thèse, les chartes de concessions de droits et usages forestiers.

Il pense, d'un autre côté, que les titres légaux et réglementaires ne sont pas abrogés par l'article 218 du Code forestier. « Cette abrogation, dit-il, qui résulte de la loi du 30 ventôse an XII, et de l'article 218 du Code forestier ne peut évidemment pas s'appliquer dans une matière ou le législateur réserve expressément les titres anciens (1). »

Le droit est en effet réservé par l'article 218, *in fine*, où nous lisons : « Les droits acquis antérieurement au présent Code seront jugés, en cas de contestation, d'après les lois, ordonnances, édits et déclarations, arrêts du conseil, arrêtés, décrets et règlements ci-dessus mentionnés. »

L'opinion de M. Germain nous paraît fondée. Ajoutons que, si le législateur n'avait entendu parler que des titres conventionnels ou que des titres légaux et réglementaires, il lui eût été bien facile de faire connaître sa volonté, ce qu'il n'a pas fait.

Pourquoi conclure de son silence qu'il n'a voulu parler que de certains titres et qu'il a exclu les autres. Ne vaut-il pas mieux ne pas faire de distinctions arbitraires, et se conformer à l'adage bien connu : *Ubi lex non distinguit, nec nos distinguere debemus* (2).

______

(1) GERMAIN, *Manuel de l'affouagiste*, p. 182.

(2) Pour effectuer le partage par feu, on procède, après l'exploitation de la coupe, à l'évaluation de l'affouage en stères, mètres cubes, etc. Ce procédé, fait remarquer M. Germain, est souvent peu équitable parce qu'à volume égal correspond rarement valeur égale. L'auteur indique alors plusieurs moyens permettant d'atténuer cette inégalité dans une large mesure. Il s'empresse, du reste, d'ajouter que, si ce procédé entraîne quelques inégalités entre les parts d'affouage, il ne consacre cependant aucune injustice, les lots étant indistinctement tirés au sort. — GERMAIN, *Manuel de l'affouagiste*, p. 152 et suivantes.

CHAPITRE V

Opérations préliminaires au partage de l'affouage. — Du partage entre les affouagistes.

Dans les chapitres précédents, nous avons défini la nature de l'affouage, établi les conditions exigées par la loi pour être admis à y prendre part, puis nous avons étudié le mode de partage de l'affouage entre les intéressés. Il nous reste maintenant à examiner les différentes opérations qui précèdent le partage de la coupe affouagère. Nous terminerons notre travail, en recherchant quelles sont les autorités compétentes pour statuer sur les difficultés soulevées en cette matière.

La première règle à observer est d'obtenir la délivrance.

L'article 103 de la loi de 1827 interdit, en effet, de faire dans les bois communaux des coupes destinées à être partagées en nature pour l'affouage des habitants, avant que la délivrance n'en ait été faite par les agents forestiers. Le même article portait qu'on doit suivre les formes prescrites par l'article 81 du Code forestier.

Avant d'examiner la teneur de cet article, disons qu'une importante modification a été introduite dans la loi, autorisant le partage sur pied des coupes, sous des conditions déterminées, ainsi que nous l'expliquerons dans un moment.

Quelles sont les règles édictées par l'article 81. D'après cet article, l'exploitation de la coupe doit être faite aux frais des usagers, par un entrepreneur spécial nommé par eux, et agréé par l'administrstion forestière. Ces principes sont nettement établis dans l'arrêt suivant :

« Attendu, dit la Cour suprême, que la jouissance des communes dans leurs propres bois est, non moins que l'exercice des droits d'usage dont ils peuvent être grevés, assujettie à des règles nécessaires pour assurer soit aux intérêts individuels, soit à l'intérêt d'ordre général lié à cette nature de propriété les garanties respectives qui leur sont propres. . . . . Attendu que l'article 84 exige que l'exploitation des bois d'affouage, s'ils se délivrent par coupe, soit faite aux frais des usagers par un entrepreneur spécial nommé par eux, et agréé par l'administration forestière (1). »

Il est dit également dans l'article 81, qu'aucun bois ne sera partagé sur pied ni abattu par les usagers individuellement, et que les lots ne peuvent être faits qu'après l'entière exploitation de la coupe, à peine de confiscation de la portion de bois abattue afférente à chacun des cantonnements.

Nous trouvons l'application de ces règles dans l'arrêt suivant :

« Attendu qu'il résulte des procès-verbaux attaqués que les bois dont il s'agit ont été partagés sur pied ; que l'enlèvement d'une partie de ces bois a été fait avant l'entier achèvement de l'exploitation, et que des arbres marqués en réserve ont été indûment abattus ; que ces faits constituent des contraventions aux articles 103 et 81 du Code forestier (2). »

Les agents forestiers qui auraient toléré cette contravention sont punis d'une amende de cinquante francs,

(1) Cassation. 1846.
(2) Cassation. 1er juillet 1846.

et sont de plus personnellement responsables, et sans aucun recours, de la mauvaise exploitation et de tous les délits qui pourraient avoir été commis.

Ce mode d'exploitation est encore admis aujourd'hui.

Mais les affouagistes, sont autorisés par la loi du 21 juin 1898 à recourir à un autre mode d'exploitation. Le préfet pourra sur la demande du conseil municipal, et l'avis conforme du conservateur des forêts, autoriser le partage sur pied desdites coupes ; s'il y a désaccord entre le conservateur et le préfet, il en sera déféré au ministre de l'agriculture qui statuera défini- tivement. Lorsque le partage sur pied aura été auto- risé, l'exploitation aura lieu sous la garantie de trois habitants solvables, choisis par le conseil municipal, agréés par l'administration forestière et soumis soli- dairement à la responsabilité déterminée par l'article 82 du Code forestier.

Voilà une innovation très importante modifiant sin- gulièrement l'ancien texte de l'article 103 du Code forestier.

Dans le cas où les affouagistes exploitent par l'inter- médiaire de l'entrepreneur, celui-ci est lié par un double contrat, l'un avec la commune, l'autre avec l'admi- nistration (1). Aux termes de l'article 82 du Code fores- tier les entrepreneurs sont tenus de se conformer à tout ce qui est prescrit aux adjudicataires pour l'usance et la vidange des ventes, et sont soumis à la même responsabilité et passibles des mêmes peines en cas de délits ou de contraventions (2).

Les communes sont garantes solidaires des contra- ventions prononcées contre les entrepreneurs (3).

---

(1) LARZILLIÈRE, *Administration des forêts communales.* p. 141.

(2) Art. 82, *Code forestier.*

(3) D'après l'article 45, *Code forestier*, les adjudicataires, à dater du permis d'exploiter, et jusqu'à ce qu'ils aient obtenu leur décharge, sont responsables de tout délit forestier commis dans leurs ventes et à l'ouïe de la cognée.

— 129 —

Lorsque l'exploitation est terminée, on procède au réarpentage et au récolement. Les entrepreneurs n'obtiennent leur décharge (1) qu'après avoir rempli les formalités indiquées par le Code forestier.

Les articles 83 et 84 du même Code ne sont pas applicables aux affouagistes.

Ces derniers ne peuvent enlever leurs lots avant d'avoir acquitté le montant de la taxe affouagère.

« Il est uniformément admis, dit M. Germain, que l'enlèvement du lot d'affouage est subordonné à le production de la quittance de la taxe délivrée par le receveur municipal et au permis du maire apposé au dos de la quittance (2). » Cela nous paraît absolument juste.

Aux termes de l'article 93 du Code forestier, un quart des bois appartenant aux communes et aux établissements publics sera toujours mis en réserve, lorsque ces communes ou établissements posséderont au moins dix hectares de bois réunis ou divisés. Cette disposition n'est pas applicable aux bois peuplés totalement en arbres résineux.

On s'est demandé si certains habitants d'une commune affouagère peuvent prescrire le droit d'affouage contre d'autres habitants de cette commune.

Il est facile de répondre, d'abord, avec certitude, que les habitants qui n'ont pas été portés sur la liste d'affouage et n'ont pas protesté en temps utile contre cette omission, perdent leurs droits relativement aux arrérages non réclamés.

Mais si quelques habitants d'une commune affouagère étaient restés plus de trente ans sans exercer leurs droits, les autres habitants pourraient-ils leur opposer la prescription trentenaire? La situation serait

(1) *Code forestier*, titre III, section v.
(2) Circulaires des 15 mai 1826, 31 déc. 1836, 18 janvier 1839. Germain, *Manuel de l'affouagiste*, p. 131.

9

bien différente, et nous pensons, comme la Cour suprême, que la prescription trentenaire ne serait pas opposable dans cette hypothèse. Nous lisons en effet dans un arrêt du 24 juillet 1839 :

« Attendu que l'arrêt attaqué déclare que non seulement le canton de Chassagne n'a jamais été séparé de la commune de Mandeure, mais que les habitants dudit canton n'ont jamais eu d'intérêts distincts de ceux de ladite commune... que, de cette appréciation d'enquête, d'actes et de titres, la cour d'appel a très justement conclu que les habitants du canton de Chassagne étaient communistes avec tous les autres habitants de Mandeure, et qu'en décrétant en droit, dans de pareilles circonstances, qu'un communiste ne pouvait prescrire contre son copropriétaire (qui s'abstenait de profiter du droit d'affouage) autre chose que la part que lui abandonnait celui-ci, et non pas le droit en lui-même, l'arrêt attaqué, a fait une juste application des lois sur la matière, et n'a violé ni la loi du 10 juin 1793, ni l'article 2262 du Code civil. »

CHAPITRE VI

De la compétence des tribunaux administratifs et des tribunaux judiciaires, en matière d'affouage.

Les questions d'affouage donnent souvent lieu à des contestations, que les tribunaux administratifs et judiciaires sont appelés à trancher.

Dans quelques cas, les tribunaux administratifs sont-ils compétents ? Dans quel cas, au contraire, les tribunaux judiciaires ont ils le droit de juger les procès de cette nature ?

Ces questions de compétence sont fort délicates à résoudre. Essayons cependant de bien préciser l'étendue de la compétence de chacun de ces tribunaux.

SECTION I

Tribunaux administratifs.

Occupons-nous d'abord des tribunaux administratifs, dont la compétence est ici plus étendue que celle des tribunaux judiciaires.

D'après la loi du 10 juin 1793, confirmée par celle du 9 ventôse an XII, les directoires des départements étaient chargés de juger les contestations relatives au mode de partage des biens communaux.

Les conseils de préfecture ayant remplacé les directoires des départements, ce sont eux qui sont appelés à statuer sur les difficultés relatives à la répartition de l'affouage. Un arrêt de la cour de Nancy déclare

que les tribunaux administratifs sont seuls compétents
en cette matière. Nous lisons dans cet arrêt : « Attendu
que la répartition des affouages, de même que le partage des biens communaux doit se faire par des actes
administratifs dont l'autorité judiciaire ne doit pas
connaître (1). » Si un habitant se plaignait de n'avoir
pas été inscrit sur la liste affouagère, quel serait le
tribunal compétent ? Le conseil de préfecture. En
serait-il de même s'il s'agissait de la vente faite, avant
tout partage, d'une portion de la coupe affouagère au
profit de la commune ? Nous pensons que, dans ce cas
aussi, le Conseil de préfecture serait compétent.

Quid dans le cas où le conseil municipal aurait,
dans une de ses délibérations, réglé pour l'avenir le
mode de distribution de l'affouage, sans tenir compte
d'anciennes prérogatives ?

Sur ce point plusieurs systèmes sont en présence.

Oe prétend dans le premier système que les modifications au mode de distribution de l'affouage ne constituent que des mesures d'intérêt communal. Ce sont
donc le préfet et le ministre de l'intérieur qui doivent
en connaître.

Dans le second système, le conseil de préfecture
est compétent; dans un troisième c'est au contraire
l'autorité judiciaire qui est compétente.

La jurisprudence se prononce en faveur du second
système, qui nous paraît le meilleur. De quoi s'agit-il,
en effet? de contestations soulevées relativement à
l'application d'anciens titres (2). Il ne peut donc être
question que du mode de partage des bois communaux,
or les questions de cette nature sont dévolues aux
tribunaux administratifs.

C'est ce que dit avec raison M. Germain : « Le con-

____

(1) Nancy 1845. Dans le même sens, arrêt de Cassation du 7 juillet 1898.

(2) Il ne saurait aujourd'hui être question d'anciens usages.

seil de préfecture serait compétent dans le cas où la
réclamation porterait sur ce fait que la délibération du
conseil municipal aurait réglé pour l'avenir le mode de
distribution de l'affouage au mépris d'anciennes prérogatives, en décidant par exemple que le partage se
ferait par feu, conformément à l'article 105 du Code
forestier, au lieu de s'effectuer suivant un titre contraire jusque-là respecté.

« En effet, le titre contraire valable ne pouvant
avoir trait qu'au mode de partage, il est évident que
la discussion à laquelle il donnerait naissance rentre-
rait directement dans les hypothèses prévues par les
lois de 1793 et de l'an XII (1). »

Quid des contestations relatives à l'établissement
des taxes affouagères ? Le paiement des taxes n'ayant
trait qu'au partage, ces contestations doivent être
jugées par les tribunaux administratifs.

Quant aux réclamations relatives aux conditions d'aptitude personnelle que doivent réunir les intéressés, c'est
un point fort discuté, de savoir qui des tribunaux judiciaires ou des tribunaux administratifs, doit être compétent. Le Conseil d'État se prononçait en faveur des
tribunaux administratifs, la Cour de cassation déclarait, au contraire, que les tribunaux judiciaires étaient
seuls compétents.

En 1850, le tribunal des conflits déclara que les
tribunaux judiciaires étaient compétents.

Voici le texte de cet arrêt :

« Considérant que la compétence administrative sur
la prétention formulée par le sieur C..., de prendre
part aux coupes affouagères, ne peut ressortir que de
la loi du 10 juin 1793, des arrêtés ultérieurs (26 nivôse
an II, et 19 frimaire an X) qui ont placé l'affouage des
bois sous le régime de cette loi, ou enfin de la loi du

(1) Germain, *Manuel de l'affouagiste*, p, 195.

18 juillet 1837, considérant que l'article 2 de la sec
tion v, de la loi du 10 juin 1793, ne défère à la juridiction administrative que les contestations qui
peuvent s'élever sur le mode de partage des bois communaux, que, par cette expression le *mode de partage*,
le législateur n'a pas entendu soumettre à la compétence administrative les questions d'aptitude personnelle, desquelles dérive le droit individuel à l'affouage ;
considérant que la loi du 18 juillet 1837, en chargeant
les conseils municipaux de régler les affouages par
leurs délibérations, n'a ni interverti l'ordre des juri-
dictions, ni dérogé au droit commun sur la compétence des tribunaux civils. » (Article premier. —
L'arrêté du conflit du 19 décembre 1849 est annulé (1).

La Cour de cassation, les cours d'appel et les tribunaux
consacrèrent cette jurisprudence par leurs décisions.

Le Conseil d'État jugea d'abord dans le même sens,
et plus tard dans le sens contraire. Le tribunal des
conflits ayant à apprécier un arrêté du préfet de la
Haute-Saône élevant un conflit d'attribution dans une
instance engagée devant la cour de Besançon, s'est
prononcé en faveur de la juridiction administrative, en
confirmant l'arrêté du préfet, de la manière suivante :

« Considérant que les articles 1 et 2, sect. v, de la
loi du 19 juin 1793 concernant le mode de partage des
biens communaux attribuent à la juridiction administrative les contestations qui peuvent s'élever à raison
du mode de partage entre les communes, et toutes les
réclamations qui pourront s'élever à raison du mode de
partage.

« Considérant que, par ces expressions, la loi a
entendu comprendre la décision à rendre sur tous
les points contentieux ressortant des prétentions des

(1) Tribunal des conflits, 10 avril 1850.

habitants de la commune à la jouissance d'une part des biens communaux et se rattachant nécessairement au mode de partage adopté ;

« Considérant que la compétence de la juridiction administrative a été confirmée par l'article 8 de la loi du 9 ventôse an XII et par le décret du quatrième jour complémentaire an XIII ;

« Considérant que les litiges que ces lois ont en vue embrassent toutes les questions d'aptitude personnelle qui ne sont pas définies par le Code civil et ne rentrent pas dans les questions préjudicielles d'État ou de droit civil nécessairement réservées aux tribunaux civils ;

« Considérant qu'en matière d'affouage, l'article 105 du Code forestier, modifié par la loi du 23 novembre 1883, a établi des conditions qui, même pour le domicile, sont distinctes des règles de la loi civile ordinaire ;

« Par ces motifs, décide :

« Article premier. — L'arrêté du 8 avril 1896 par lequel le préfet de la Haute-Marne a élevé le conflit d'attributions dans l'instance engagée devant la cour d'appel de Besançon, entre le sieur Vaillant et la commune de Tavey est confirmé (1). »

Le tribunal pose en principe, à l'encontre de ce qu'il avait décidé en 1850, que les litiges visés par les lois des 10 juin 1793 et 9 ventôse an XII, embrassent toutes les questions d'aptitude personnelle qui ne sont pas définies par le Code civil et ne rentrent pas dans les questions préjudicielles d'état ou de droit civil, réservées aux tribunaux civils (2).

Le tribunal déclare en outre que l'article 105 du Code forestier, modifié par la loi du 23 novembre 1883,

(1) Tribunal des conflits, 4 juillet 1896,
(2) *Idem,* Chambre des requêtes, 23 nov. 1897.

a établi en matière d'affouage des conditions distinctes des règles de la loi civile ordinaire.

Au point de vue juridique, cette décision nous paraît critiquable. Celle de 1850 nous semble mieux fondée en droit.

On peut, il est vrai, invoquer en faveur du système consacré par le tribunal des conflits, en 1896, des considérations d'une autre nature.

En attribuant ces questions aux tribunaux civils, on arrive fatalement à mettre en mouvement deux ordres de juridiction dans les affaires qui ne comportent pas une procédure aussi coûteuse et aussi longue. Il y a donc un intérêt très grand pour les justiciables à ce que les affaires de cette nature soient portées devant les tribunaux administratifs.

« N'est-ce pas, dit justement Serrigny, un spectacle déplorable que ces procès multiples portés devant les tribunaux pour réclamer de misérables portions affouagères, dont la valeur n'égale jamais les frais faits pour les obtenir (1). »

Telle est aussi l'opinion de Meaume :

« Toutes les fois, dit-il, qu'on a vu le Conseil d'État imposer aux parties la juridiction administrative, le véritable motif de cette innovation dans la jurisprudence est facile à entrevoir. Les procès d'affouage relatifs aux conditions d'aptitude se sont multipliés. Le Conseil d'État a voulu mettre un terme à ces procès, du moins leur donner des juges plus expéditifs et surtout moins dispendieux.

« Il faut reconnaître que cette jurisprudence nouvelle a été introduite dans l'intérêt des justiciables qui doivent s'empresser de s'y conformer. On doit seulement regretter que cette attribution de compétence soit

1) SERRIGNY, *Compétence administrative*, II, p. 588.

abandonnée à l'administration, et il serait à désirer qu'une disposition législative vînt légitimer cet état de choses (1). »

En présence des oscillations de la jurisprudence sur ce point, il est fâcheux que les arguments apportés à l'appui de la décision du tribunal des conflits, en 1896, ne déterminent pas dans l'esprit une conviction suffisante, pour faire complètement échec aux arguments si sérieux invoqués par le même tribunal en 1850, nous pensons que les partisans de l'opinion actuelle ont cédé trop facilement à des considérations, d'ailleurs très naturelles et très entraînantes, d'humanité. La nouvelle jurisprudence présente incontestablement des avantages pratiques. Il serait donc à désirer, conformément à l'opinion de Meaume, qu'un texte formel dérogeât ici aux règles de droit commun, en matière de compétence.

Les arrêtés des conseils de préfecture pris en matière d'affouage peuvent être attaqués par les voies ordinaires de l'opposition et de l'appel.

La voie extraordinaire de la tierce-opposition est admise en faveur de toute personne lésée par l'arrêté et qui n'aurait pas été mise en cause (2).

Quant à la requête civile, elle n'est pas admise en cette matière, ce qui d'ailleurs s'explique facilement. Cette voie extraordinaire n'est en effet ouverte que contre les décisions rendues en dernier ressort, or les arrêtés des conseils de préfecture sont toujours susceptibles d'appel, à moins d'acquiescement ou d'exécution volontaire.

Les arrêts rendus par le Conseil d'État sur l'appel formé contre les arrêtés des conseils de préfecture sont susceptibles : 1° d'opposition ; 2° de tierce opposi-

____

(1) MEAUME, *Commentaire, Code forestier*, n° 844.
(2) Loi du 22 juillet 1889.

tion ; 3° et de revision dans les trois cas suivants : décision rendue sur pièces fausses, condamnation sur pièces retenues par l'adversaire, vice de forme dans la procédure.

SECTION II

Tribunaux judiciaires

Examinons maintenant dans quels cas les tribunaux judiciaires sont compétents.

La compétence des tribunaux civils en cette matière est assez restreinte. L'arrêt du tribunal des conflits du 4 juillet 1896 en a encore diminué l'étendue.

Que reste-t-il aux tribunaux judiciaires ? D'abord les questions d'État (1). Si un étranger, par exemple, prétend avoir droit à l'affouage, ce sont les tribunaux judiciaires qui seront appelés à examiner sa prétention. Nous savons qu'aujourd'hui l'étranger n'a droit à l'affouage que lorsqu'il est autorisé à établir son domicile en France.

Quid à l'égard des contestations soulevées entre les communes et les sections de communes?

Sur ce point il y aurait, suivant nous, une distinction à faire. S'il s'agissait de la légalité d'un acte administratif, tel que celui qui aurait détaché la section de commune pour la rattacher à une autre commune, l'autorité administrative serait seule compétente pour trancher cette question et apprécier la validité de cet acte administratif, entaché, par exemple, d'excès de pouvoir. Mais s'il s'élevait des questions sur

(1) Cassation, 7 juillet 1898. — On lit dans cet arrêt « que les tribunaux ordinaires ne sont compétents que pour statuer sur les questions préjudicielles qui, par leur nature, appartiennent néessairement à la juridiction civile. telles que les questions d'état ou de propriété ».

les droits de propriété ou d'usage des communes ou
des sections de communes, ces points litigieux devraient
évidemment être jugés par les tribunaux civils.

Ces tribunaux sont également compétents pour trancher les difficultés relatives au droit de propriété des
habitants.

Cette doctrine a été consacrée par la cour de Dijon,
sur appel d'un jugement du tribunal de Chaumont
qui s'était déclaré compétent.

« Considérant que l'affaire, ne présentant à juger
qu'une question de propriété du droit d'affouage, est de
la compétence de l'autorité judiciaire (1). »

Elle l'a été également par la Cour suprême :

« Attendu qu'en droit commun, et hors le cas où
une loi exceptionnelle en a disposé autrement, les
questions de propriété sont du ressort exclusif de l'autorité judiciaire (2). »

Il en serait de même s'il s'agissait d'apprécier les
titres sur lesquels un habitant prétendrait pouvoir
s'appuyer pour établir ses droits à l'affouage.

C'est ce qui résulte de la décision suivante rendue
par le Conseil d'État.

« Le Conseil d'État, vu la loi du 10 juin 1793, sect. v,
act. 2 et 3, les décrets du 9 brumaire, et quatrième jour
complémentaire, l'article 105 du Code forestier, et la
loi du 18 juillet 1837 :

« Considérant que le sieur Septier de Rigny fonde
uniquement sa prétention sur ce qu'il aurait joui,
depuis un temps plus ou moins long de deux portions
d'affouage, et sur ce que ce fait constituerait pour lui
un titre à la continuation de cette jouissance.

(1) Dijon, 15 juillet 1842.
(2) Cassation, 13 février 1844.

« Considérant que les lois susvisées n'ont pas déféré à l'autorité administrative la connaissance des questions de titres particuliers desquels dérive le droit individuel à l'affouage (1). »

Enfin les tribunaux sont encore seuls compétents pour examiner les questions de possession et de prescription, ainsi que le déclare formellement l'arrêt suivant de la Cour de cassation :

« Attendu que le juge du possessoire, sans entrer dans l'examen de l'origine et de la validité du titre de censitaire allégué par les défendeurs, a pu prendre ce titre en considération pour attribuer à leur possession le caractère d'une possession légale pouvant donner lieu à une action en complainte ;

« Attendu que cette action ayant pour objet non un droit d'affouage communal, mais un droit personnel, et à l'exclusion de tous autres habitants, la délibération prise par le conseil de Vadonville, le 22 janvier 1871, pour répartir l'affouage du bois de Baulet entre tous les habitants de la commune ne peut être considérée comme un simple acte administratif, mais constitue une prétention contraire à celle des défendeurs et un trouble apporté à leur possession, qu'à ce titre elle peut être soumise à l'appréciation des tribunaux judiciaires (2). »

Cette doctrine est confirmée par un arrêt tout récent de la Cour suprême (3).

Les procès relatifs à l'affouage sont considérés comme des matières ordinaires et, par suite, instruits et jugés comme tels.

Les jugements rendus par les tribunaux d'arrondis-

(1) Conseil d'État, 21 déc. 1850.
(2) Cassation. 24 février 1874.
(3) Cassation, requête, 18 décembre 1899.

sement sur cette nature d'affaire sont susceptibles d'opposition quand ils ont été rendus par défaut. Ils sont également susceptibles d'appel, le chiffre de la demande étant indéterminé, puisqu'il a pour objet la reconnaissance du droit d'affouage (1).

La voie extraordinaire de la tierce-opposition est ouverte aux intéressés qui n'ont pas été parties ou dûment appelés.

Quant à la requête civile, elle n'est pas admise, l'appel étant toujours recevable contre ces jugements.

Les arrêts des cours rendus sur appel des jugements des tribunaux d'arrondissement en matière d'affouage sont susceptibles d'opposition, de tierce-opposition et de pourvoi en Cassation. Ils sont aussi susceptibles de requête civile dans les cas énumérés dans l'article 480 du Code de procédure civile.

Disons enfin que les actes concernant les droits d'affouage, et émanant de l'administration forestière s'enregistrent en débet, mais que ceux qui sont faits pour les usagers sont soumis au timbre, conformément aux principes généraux qui régissent ces matières (2).

---

(1) Cassation, 4 mars 1845.
(2) Cassation, 2 juin 1875.

CHAPITRE VII

Législations étrangères et considérations générales sur les forêts.

Plusieurs législations étrangères présentent certaines particularités intéressantes à signaler, relativement à l'affouage.

Jadis le droit de l'affouagiste était illimité en Allemagne. Aujourd'hui il est réglementé. L'affouagiste peut disposer, comme il l'entend, de ce qui lui appartient. En Belgique, les Conseils municipaux décident si les coupes seront délivrées en nature aux affouagistes ou si elles seront vendues.

En Russie, le droit d'affouage peut s'étendre même sur les forêts de l'État, s'il a été légalement concédé.

L'exercice de ce droit ne peut dépasser les besoins de l'affouagiste.

Les prêtres jouissent de ce droit dans les forêts dépendant de leurs paroisses, en proportion de leurs besoins.

Si un bois est incendié et que le propriétaire change la nature de la propriété, le droit de l'affouagiste est éteint. Il subsiste au contraire si le propriétaire ne l'a pas modifiée. Dans les provinces baltiques, l'affouagiste peut prendre tout le bois dont il a besoin, mais il ne peut le vendre.

Terminons notre travail comme nous l'avons commencé, par quelques considérations générales sur les forêts.

La France possède un grand nombre de forêts, qui sont pour elle une immense source de richesse. Toutes embellissent les pays qui les environnent et sont une cause de salubrité pour les contrées privilégiées qui les possèdent. Nous croyons toutefois pouvoir attirer tout particulièrement l'attention de nos lecteurs sur les magnifiques forêts de Compiègne et de Villers-Cotterets. Habitant une petite ville située dans leur voisinage, nous ne nous lassons pas de les parcourir et de les admirer. Qui serait d'ailleurs assez peu sensible aux beautés de la nature pour ne pas éprouver un charme indicible à trouver le repos, et parfois même à oublier bien des tristesses, sous ces hautes et splendides futaies (1)!

On trouve dans beaucoup de départements de grandes et superbes forêts. Citons tout spécialement la Marne, la Meurthe-et-Moselle, les Vosges, la Haute-Saône, le Doubs, le Jura, la Côte-d'Or, la Saône-et-Loire, la Haute-Marne et la Nièvre.

Il y a trop de grandes et belles forêts dans notre pays, pour que nous puissions les énumérer toutes. Nommons parmi les plus admirables, en commençant par le nord-est de la France : celles du Nouvion-en-Thiérache, des Ardennes, d'Argonne, de Hay et de Chaux; dans le Dauphiné, celles de la Grande-Chartreuse et de Vercors; dans l'Aude, celle de Quillan; dans les Basses-Pyrénées, la forêt de la Soule; enfin, dans les Landes et les départements limitrophes, les forêts de pins maritimes et de chênes-lièges.

La Bretagne possède la forêt de Paimpont; et la Normandie, celles d'Écouves, de Pont-de-l'Arche, de Brotonne, de Breteuil et d'Eu.

En nous rapprochant de Paris, nous rencontrons

(1) « Pour adoucir nos peines dans ce monde, rien ne vaut la contemplation de la nature et le spectacle sublime de la création qui nous ramène au Créateur. » DE QUATREFAGES, *Souvenirs d'un naturaliste*, tome Ier.

les forêts de Dreux, Rambouillet, Marly, Saint-Germain, Sénart, Chantilly et la célèbre forêt de Fontainebleau, dont les sites enchanteurs ont été si souvent reproduits par un grand nombre d'artistes... Nous possédons encore les forêts de Compiègne, d'Halatte et de Laigue, dans l'Oise; de Villers-Cotterets et de Saint-Gobain, dans l'Aisne; d'Andelot, du Val, du Der, de Château-Villain et d'Arc-en-Barrois, dans la Haute-Marne; de Fretoy, de Saint-Fargeau et de Vézelay, dans l'Yonne; de Donzy, d'Entrains et de Prémery, dans la Nièvre. Citons enfin les forêts de Perseigne, d'Orléans, d'Othe et de Châtillon (1). Quel ensemble vraiment imposant d'immenses et superbes forêts !

Nous nous sommes occupés dans ce travail, des produits forestiers qui sont le plus utiles à la classe indigente, et de ceux dont jouissent les communes affouagères.

D'après Migneret, les communes possèdent la majeure partie des bois de France.

« On compte dans notre pays, au dire d'un inspecteur des forêts, huit mille communes, propriétaires de 1,900,000 hectares de bois, produisant une récolte annuelle de 40 millions, dont plus de la moitié est distribuée en nature et individuellement aux ayants droit (2). »

Il existe dans bien des parties de la France un grand nombre de communes affouagères, mais la Franche-Comté et la Lorraine sont considérées comme la terre promise de l'affouage.

(1) Voir l'atlas de MM. LEVASSEUR et PÉRIGOT — *France et Colonies*, pl. 46.
(2) *Manuel de l'affouagiste*, avant-propos.

TABLE DES MATIÈRES

Paris. — Imp. Nouvelle (assoc. ouvr.), 11, rue Cadet. — A. Mangeot, dir. — 855-1900